AF293702

QUE SOULÈVE LE VENT !

LES « ILLUSIONNISTES » DE LA LÉGITIMITÉ

Ou le mépris des classes populaires

<u>SOMMAIRE</u>

« *Même si le gouvernement a été choisi par le peuple pour exercer sa volonté, le citoyen ne doit pas abandonner sa conscience au législateur, le respect de la loi vient après celui du droit.* »

H. D. Thoreau[1]

« *La liberté, c'est toujours la liberté de celui qui pense autrement.* »

Rosa Luxemburg[2]

---

[1] - *H.D. Thoreau – Désobéissance civile, 1849.*
[2] - *Rosa Luxemburg - La Révolution russe 1918, publication posthume.*

BIOGRAPHIE DE L'AUTEUR

Mon parcours biographique m'a progressivement amené sur la voie de la connaissance, de l'éducation et de la formation. Né dix ans après-guerre, ma soif d'apprendre et de curiosité n'a jamais été monolithique. Aujourd'hui comme hier, j'ai toujours eu la propension à comprendre les choses, les événements, et en toute modestie le genre humain, avec une loupe d'explication double : *pratique mathématique financière* et *théorique sociologique des organisations.*

Mes savoirs théoriques se sont consolidés avec mes différents sésames diplômants. Chronologiquement, j'ai d'abord obtenu un **Master 2 en Achats et Logistique** de l'IAE (Institut d'Administration des Entreprises) de Grenoble-DESMA.

- Rédaction d'un mémoire : Management des achats et de la Supply Chain dans les PME Industrielles.

J'ai ensuite renforcé cette capacité acquise par un **Master 2 en Audit Financier et Contrôle de Gestion** de l'IAE de Paris 1 Sorbonne.

- Rédaction d'un mémoire : Audit Financier et Contrôle de Gestion des PME industrielles.

J'ai choisi par ailleurs de mieux comprendre les systèmes organisationnels du sport en obtenant un **Exécutive MBA en Stratégie et Management des Organisations du Sport** de l'ESG (École Supérieure de Gestion) de Paris.

- Rédaction de 3 dossiers d'analyse : I) Déconstruction de la chaîne de la valeur du football français – II) Déconstruction de la chaîne de la valeur du rugby français – III) Fragmentation des identités sociales dans les organisations du sport - Le sport et l'individu hypermoderne.

Enfin, je suis titulaire d'un **Exécutive Master en Sociologie des Organisations et Stratégie du Changement** de Sciences Po Paris.

- Rédaction de 2 mémoires : I) La désobéissance sociale dans les organisations économiques - Les micro-résistances face aux injonctions sociales – II) La stratégie de changement dans une PME-SCOP - Propositions de changement.

1. <u>INTRODUCTION</u>

Dans mes activités de formation, j'ai passé beaucoup de temps à tenter de vulgariser les connaissances, notamment celles qui concernent concrètement l'ensemble des citoyens, en particulier celles qui relèvent des dimensions économiques et financières. J'ai donc fait de la pédagogie applicative, de la vulgarisation qui assure à tous les individus la capacité d'accéder à la compréhension des connaissances nécessaires à mieux définir sa vie sociale.

Un doute radical pour accéder à la connaissance.

À la manière de René Descartes, dans ses « *Méditations métaphysiques* », la démarche d'une investigation sociale et politique pour produire une connaissance sûre et certaine constitue l'objectif d'un travail de recherche et pour y parvenir, un doute méthodique caractérise une méthodologie radicale. L'existence d'une connaissance qui résiste à tout doute, pourra être considérée comme véritable.
Pour Descartes, l'existence du monde est incertaine[3].

> *« Il y a déjà quelque temps que je me suis aperçu que, dès mes premières années, j'avais reçu quantité de fausses opinions pour véritables, et que ce que j'ai depuis fondé sur des principes si mal assurés, ne pouvait être que fort douteux et incertain ; de façon qu'il me fallait entreprendre*

---

[3] *- René Descartes - Première Méditation, Méditations métaphysiques, 1641.*

Douter radicalement, à la manière de certains penseurs, implique un caractère affermi. C'est un comportement exigeant, qui nous éprouve, pour produire la condition d'une lucidité accrue sur l'entendement des circonstances qui nous entourent. Cette disposition ne va pas de soi et appelle un cheminement de questionnement sur la réalité de notre vie. La radicalisation de nos doutes conduit à une exigence de vérité, sans pour cela s'opposer à elle.

À la vue des conditions sociales imposées à la grande majorité des populations, à l'occasion des derniers événements sociaux, depuis plusieurs semaines, qui touchent la plupart d'entre nous, je me suis décidé, par le résultat d'une sorte d'exaspération, à m'engager un peu plus dans le débat politique et social, mais surtout dans la façon dont les propositions, les thèmes sociaux présentés par les gouvernants et les communicants, quelles qu'ils soient, s'agitent pour les déguiser et les travestir dans l'environnement social.

Et cela m'engage à écrire de façon très rapide, un texte que l'on désigne comme « *un tract* ». Un tract d'une centaine de pages, qui s'intitule « *QUE SOULÈVE LE VENT !* » ou « « *Les illusionnistes* » *de la légitimité, face au mépris des classes populaires* ».

La genèse de ce texte prend son origine à la suite de l'article « *Les demeurés de la légitimité*[4] ». Publié dans Le monde Diplomatique du 7 février 2023 par Frédéric Lordon, celui-ci revient en longueur sur la question décisive de la période actuelle, la question de la légitimité des gouvernants : celle de l'élection, celle de la représentativité et celle du mouvement social, qui m'amène à contribuer à la réflexion à partir des « *illusions de la politique*[5] », écrit par Jacques Ellul en 1965.

> « *Car ce qui est essentiel, c'est d'obtenir une* « *impression* », *un* « *sentiment* ». *Pourvu que le peuple ait l'impression de vivre en démocratie, que le gouvernement* « *paraisse* » *démocratique aux*

---

[4] - *Frédéric Lordon :* *https ://blog.mondediplo.net/les-demeures-de-la-legitimite*
[5] - *Jacques Ellul - L'illusion Politique, 1965.*

yeux de l'opinion, c'est évidemment l'essentiel. On connaît parfaitement des gouvernements très démocratiques qui donnent l'impression d'être autoritaires, inversement des gouvernements dictatoriaux qui savent créer l'opinion dont ils ont besoin pour qu'ils soient ressentis comme démocratiques : ainsi les démocraties populaires » (p.178)

<u>Définition du mot « *illusion* » :</u>

Du latin « illudere » (« se jouer de », « se moquer »). Perception erronée du monde extérieur ou de ses propres états internes, l'illusion est une croyance fausse. Abstraitement, le mot « illusion » désigne une opinion fausse que forme l'esprit et qui abuse par son caractère séduisant, au sens de faire « illusion, de tromper ».

<u>Définition du mot « *illusionniste* » :</u>

« Dans le cas de l'illusionniste, il s'agit d'une jonglerie sensorielle et mentale qui, modifiant les perspectives intellectuelles, suspend l'intervention de la logique et impose un état de vertige, involontaire chez le spectateur, délibéré chez l'illusionniste. » Jeux et sports, p.1025, Caillois Roger, 1967[6].

------

[6] *- Roger Caillois - Jeux et sports, 1967.*

2. LES « *ILLUSIONNISTES* » DE LA DÉMOCRATIE

Le tumulte parlementaire, au sens de Machiavel, dans « *Le Prince*[7] » constitue l'ambiance dans la nature des institutions, notamment dans l'esprit démocratique de celles-ci. Le Parlement n'est pas seulement un lieu on l'on débat, mais aussi un lieu qui se fait l'écho de ce qui peut exister comme contestations dans la société. Il ne faut pas oublier qu'au moment où apparaît le tumulte dans l'Assemblée, avait lieu, au-dehors de cette enceinte, dans de nombreuses villes en France, en même temps, un tumulte, lui aussi démocratique qui représentait le tumulte des classes populaires.
L'atmosphère surréaliste qui accompagne les manifestations, présentée par les commentateurs, est plutôt ce qui est inhabituel. Nous assistons dans tout le pays à des rassemblements populaires autorisés, calmes, pacifiques, voire spontanés, au choix d'avoir recours à l'article 49.3. De ce point de vue-là, il y a effectivement quelque chose qui vient rompre le jeu habituel des institutions, avec cette irruption populaire et ce tumulte, cette forme démocratique d'intervention

---

[7] *- Nicolas Machiavel - Le Prince, 1532 : Cela signifie d'abord que le républicanisme ne présuppose aucune conception compréhensive de la liberté politique, ni de quelque vision du bien que ce soit. La valeur normative de la thèse du conflit tient en ce que les dissensions entre les groupes sociaux sont garants de la liberté politique et de la neutralité axiologique des institutions qui favoriseront cette liberté. Ainsi, les tumultes contribuent à l'édification des bonnes lois et renforcent non seulement la légitimité des institutions politiques, mais également la liberté politique des citoyens.*

du peuple. Mais le plus étonnant, le plus surréaliste, c'est la réponse des gouvernants. De dire que ce qui s'est passé à l'Assemblée, c'est le chaos, et donc que l'opposition veut le chaos, ce qui revient à dire que l'État considère qu'il n'a pas de parlementaires en face de lui, mais des représentants politiques irresponsables.

Et la réponse donnée aux manifestants est encore plus surréaliste dans une démocratie, ce sont des arrestations massives, plusieurs centaines d'arrestations, pour la participation à un groupement en vue de faire des violences, autrement dit, un délit qui ne vous demande même pas d'avoir fait quoi que ce soit, le seul fait d'être présent suffisait à être arrêté, être placé en garde à vue et encourir jusqu'à un an de prison !

Donc le décalage entre la situation des représentants du peuple et la protestation, ce qui est surréaliste, ce n'est pas la protestation elle-même, mais la réaction qui sort totalement du cadre démocratique par le recours à la force armée, le recours à des abus de droit, et surtout de considérer ceux qui ne sont pas d'accord avec vous, comme irrationnels et sont dans le chaos.

Depuis l'existence des assemblées parlementaires, il faut admettre que les assemblées législatives sont des lieux de débats virulents, conflictuels, passionnés, conditions de la construction d'une démocratie. Considérer que, lorsque les pratiques parlementaires s'enveniment, on est face à des comportements antagonistes, cela ne correspond pas à une tradition de conflictualité propre au parlement.

Au début de la Révolution, le 20 juin 1789, l'assemblée devient constituante et pour certains des pères fondateurs, Robespierre et les Jacobins, il va de soi que les assemblées sont des lieux de débats conflictuels, et il va de soi, surtout, qu'à l'extérieur, une part de la souveraineté du peuple ou de la nation peut continuer à s'exprimer. En aucun cas, les représentants du peuple ne s'imaginaient interdire une expression extérieure de la souveraineté qui prenait la forme le plus souvent d'une insurrection.

Donc, le fait que le tumulte prenne place à l'extérieur des assemblées, constitue une forme d'expression légitime des classes populaires souveraines.

Le prix à payer pour pacifier les débats parlementaires, pour établir une bonne délibération, selon Emmanuel Joseph Sieyès, dans « *Qu'est-ce que le Tiers-État ?*[8] », pour faire cesser les tumultes à l'extérieur des assemblées, c'est la fin des conflits, la fin des passions politiques et, donc, la fin de la politique. Un idéal d'administration froide, neutre, sans tumulte et dépassionné des citoyens dans lequel se pose un vrai problème de démocratie, si l'on considère une démocratie comme des choix entre des options alternatives et conflictuelles.

Finalement, les représentants du peuple et les manifestants défendent une forme de démocratie délibérative contre l'utilisation abusive de l'article 49.3 de la Constitution, qui autorise l'adoption des projets de loi, sans aucun vote des députés.

---

[8] - *Emmanuel Joseph Sieyès – « Qu'est-ce que le Tiers-État ? » est un pamphlet publié au début de 1789, avant la convocation des États généraux, par l'abbé Sieyès, futur député et figure incontournable de la Révolution française et du Consulat.*

La difficulté avec le 49.3, sous prétexte d'un parlementarisme rationalisé, caractérise une situation de subordination du pouvoir législatif face à l'autorité de l'exécutif. Le 49.3 est une arme qui sert à museler le débat parlementaire, à le terminer. Comme dans la Constitution, tout est fait pour le rendre très difficile ou inutilisable afin d'obtenir les motions de censure, donc, le 49.3 devient un instrument de gestion des majorités ténues au parlement, c'est une façon de passer outre la faiblesse des gouvernants. C'est une interruption choquante du fonctionnement représentatif de la démocratie. Cela est légal, mais est-ce légitime ?

La subordination du législatif à l'exécutif ne commence pas avec le 49.3, mais est inscrite dans les institutions, non seulement par le recours à cet article, mais parce que c'est le gouvernement qui contrôle en permanence la majorité parlementaire, rendant cette subordination structurelle, auquel s'ajoute l'autorité du président de la République.

Un président de la République dont le pouvoir ne repose même pas sur l'existence d'un parti organisé, de masse, avec des adhérentes et adhérents, qui pourrait exercer un contrôle discrétionnaire. Nous sommes dans une situation, dans laquelle le pouvoir du Président, passé par-delà le jeu des partis, dispose d'une majorité parlementaire qui dépend de manière personnelle du président de la République lui-même, puisque les sièges des députés majoritaires ne dépendent pas d'un ancrage populaire, mais du bon vouloir du « *Prince* », ce qui constitue une situation inédite.

Ce qui est autoritaire, ce n'est pas seulement le 49.3, qui rajoute une dimension autoritaire à une Constitution déjà autoritaire, mais surtout par les pratiques de cette Constitution, qui sont d'un type d'autorité inédit sous la Cinquième République, puisqu'il n'y a plus de compte à rendre à un parti politique, ancré dans la société.

Pendant la Révolution française, ni Robespierre[9], ni Condorcet[10], ni les radicaux, ni les modérés, ne concevaient qu'une loi importante soit votée au Parlement sans qu'une ratification populaire n'ait lieu par la suite. L'esprit de la Constitution de la Cinquième République, comme l'esprit des pères fondateurs des origines instaurait un mécanisme de ce type, comme le Référendum. Les constituants de 1958 ne concevaient pas les pouvoirs du Président, l'autorité du pouvoir exécutif et la subordination du législatif sans le recours régulier à un outil, certes que l'on peut critiquer, mais qui est la consultation référendaire. Sans l'utilisation de cet outil, la Cinquième République perd l'équilibre recherché, entre l'autorité de l'exécutif, la subordination législative et la consultation populaire. Toute cette dimension critiquable, plébiscitaire de la Cinquième République permettait, malgré tout, de vérifier régulièrement l'assentiment populaire du travail législatif et de l'exécutif.

Une fois le Référendum récusé, l'esprit de la Cinquième République est biaisé, il n'y a plus de

---

⁹ *- Maximilien Robespierre – Discours du 25 janvier 1790.*
¹⁰ *- Nicolas de Condorcet - Le référendum d'initiative populaire : un trait méconnu du génie de Condorcet.*

mécanismes de vérification et de ratification populaire des lois. La philosophie des institutions, doit permettre de vérifier l'assentiment du peuple sur les lois.

2.1. <u>Quelles sont les conditions d'un recours à l'article 49.3 de la Constitution ?</u>

Depuis la réforme constitutionnelle du 23 juillet 2008, hors projets de loi de finances ou de financement de la sécurité sociale, l'article 49.3 ne peut être utilisé que sur un seul texte au cours d'une même session parlementaire.

2.2. <u>Nombre de textes de lois avec le 49.3 depuis octobre 2022</u>

1- Le 19 octobre 2022 pour la première partie du projet de loi de finances (première lecture).
2- Le 20 octobre pour la troisième partie du PLFSS (première lecture).
3- Le 27 octobre pour la quatrième partie du PLFSS et l'ensemble du texte (première lecture).
4- Le 2 novembre pour la seconde partie du PLF et l'ensemble du texte (première lecture).
5- Le 21 novembre pour la troisième partie du PLFSS (nouvelle lecture).
6- Le 25 novembre pour la quatrième partie du PLFSS et l'ensemble du texte (nouvelle lecture).
7- Le 30 novembre pour l'ensemble du PLFSS (lecture définitive).
8- Le 9 décembre pour la première partie du PLF (nouvelle lecture).

9- Le 11 décembre pour la seconde partie du PLF et l'ensemble du texte (nouvelle lecture).

10- Le 15 décembre pour l'ensemble du PLF (lecture définitive).

11- Le 16 mars 2023 sur le projet de loi de financement rectificative de la sécurité sociale pour 2023.

Le véhicule législatif, soit la Loi de financement rectificative de la Sécurité Sociale pour 2023, retenu pour porter le projet de loi sur la réforme des retraites est un artifice législatif pour avoir recours à l'utilisation de l'article 49.3.

Il n'est pas concevable qu'un tel projet de loi qui concerne l'ensemble des classes populaires, soit restreint à une Loi de finance rectificative de la Sécurité Sociale. Il me semble que ce projet de loi, qui implique un nombre important d'acteurs sociaux, avec des incidences sociales, sociétales et économiques majeures pour les citoyens ne peut en aucun cas se limiter à un tel déni de démocratie.

2.3. Conditions du débat à l'Assemblée, puis au Sénat

- En vertu de l'article 47-1, brandi par le gouvernement, les débats sont limités à deux semaines et terminés.
- Ensuite, le texte ira désormais au Sénat où il sera débattu à son tour, pour deux semaines maximums.
- Recours à l'Article 38 pour accélérer les débats

Ce court rappel des conditions d'obstruction aux débats parlementaires lors du projet de Réforme des retraites traduit bien la restriction des pouvoirs des représentants du peuple, jusqu'à leur insignifiance et leur mépris des rôles des institutions démocratiques.

C'est quoi un bon représentant du peuple dans une démocratie ?

C'est un élu, qui tout au long de son mandat, se tient informé de ce qui se passe dans le pays, doit s'assurer de l'assentiment et dans le cas contraire, essaie de modifier ses propositions.

Et que voyons-nous ? La certitude qu'il y a un refus et une rupture totale d'assentiment avec le projet de la Réforme des retraites, porté par le plus gros mouvement d'opposition au gouvernement, durant plus de 2 mois, et ce, depuis le début de la Cinquième République. Le plus irréaliste, ce n'est pas que les gouvernants insistent, en utilisant le 49.3 ou la majorité parlementaire, c'est, surtout, qu'ils font comme s'il n'y avait aucune protestation, allant jusqu'à nier l'existence du mouvement de colère de plusieurs millions de personnes dans toute la France et leur refus d'un texte législatif mortifère pour les classes populaires.

Caricaturant les mouvements de protestations par les actions de désordre et de tumultes, alors que le fait qu'il y ait de la protestation massive, devrait, dans une démocratie, engager les représentants élus à se dire – *puisque nous représentons le peuple et que de toute évidence, une part significative de celui-ci s'oppose à nous, il nous faut proposer autre chose.* - Là, existe un déni de la contestation, un déni de démocratie, un déni du peuple, qui est nié dans sa capacité d'exister. Quel fossé entre la pratique du pouvoir et celle qui était considérée comme républicaine entre 1789 et 1792, qui continue en 1830 et en 1848, qui étaient ce que l'on ne peut pas ignorer quand celui-ci va dans la rue. Et cette manière de nier le peuple est extrêmement dangereuse, car nier le peuple, c'est nier la démocratie.

En 1762, Jean-Jacques Rousseau fait paraître « *Du Contrat Social*[11] », qui exige que la souveraineté soit portée par le peuple directement, sans aucun représentant pour le pouvoir législatif. Pour Jean-Jacques Rousseau, les députés du peuple ne peuvent être ses représentants, mais seulement ses mandataires et ne peuvent rien conclure définitivement, faisant ainsi que, toute lois que le peuple n'a pas ratifiées, en personne, est nulle.

La critique rousseauiste, expose le danger permanent qu'un représentant trahisse le peuple. Tous les efforts seront déployés pour rechercher des moyens, des procédures, des idées qui permettent d'encadrer l'action des représentants.

Des mandats courts, pas plus d'un an, au-delà d'un an, les représentants commence à se faire un intérêt propre, commence à trahir l'intérêt général, devient un professionnel de la politique et donc il faut une réélection annuelle des députés.

---

[11] - *Jean Jacques Rousseau – Du Contrat Social, 1762 : Le peuple anglais pense être libre, il se trompe fort. Il ne l'est que durant l'élection des membres du Parlement, sitôt qu'ils sont élus, il est à nouveau esclave, il n'est rien. Dans les courts moments de sa liberté, l'usage qu'il en fait, mérite bien qu'il la perde. » - Du contrat Social, Livre 3, Chapitre 15.*

Limiter la rééligibilité, éligible une fois, mais pas deux fois, sans attendre un an.

Chaque année, en même temps que l'on va élire les représentants, on va organiser un référendum pour la ratification des principales Lois qui ont été votées.

Ainsi, chaque année, on estime nécessaire de réélire les représentants du peuple pour vérifier s'ils avaient toujours l'assentiment des citoyens, et chaque année, en présence de projets législatifs les plus radicaux, on organisait un référendum pour ratifier les propositions de loi.

Les traditions démocratiques, qui veulent que les citoyens soient en permanence invités à participer au vote des lois, à participer à leurs exécutions et au pouvoir, réexaminent ce que les représentants proposent en leurs noms.

Nous devons se remémorer de l'idée du « *Contrat Social* », le caractère fondamental qui désigne les représentants du peuple comme les mandataires des citoyens. L'idée que les députés ne peuvent pas représenter, qu'ils ne sont que les mandataires, c'est-à-dire qu'ils doivent en permanence, et sous le contrôle et sous la subordination du peuple, rendre les comptes de leurs actions. Cette proposition constitue un élément démocratique majeur, qui garantit une place au peuple, pour qui ses représentants deviennent ses serviteurs, au nom de la parole portée par les classes populaires.

Nos institutions, bien que démocratiques, sont largement oligarchiques. Nous pourrions les redéfinir de manière à être plus proches de la démocratie. De ce fait, l'élection ne devient plus la seule solution pour désigner les représentants du peuple, et il peut être fait appel à d'autres formes que le régime électoral. La démocratie signifie l'absence de professionnels de la politique, un mandat électif court, non-renouvelable et non cumulable. Un mouvement démocratique va au-delà des forces politiques entièrement définies simplement par leur participation au jeu électoral.

2.4.   <u>Qu'est-ce qu'une oligarchie ?</u>

C'est le règne du petit nombre, avec une forme de gouvernement, dans lequel, un petit nombre de riches, en tant que classe sociale, commandent et ou les classes populaires ne participent point à l'autorité. Ce qui fait la légitimité des représentants, au-delà des procédures électorales, élection, tirage au sort, nomination, c'est la capacité des gouvernants à être réactif à l'expression du peuple, sa capacité à écouter le peuple et surtout à écouter les revendications sociales des classes populaires, portées par les corps intermédiaires.

3. <u>LES « *ILLUSIONNISTES* » DE LA LÉGITIMITÉ</u>

Comment démontrer que le vote n'est pas la source unique de toute légitimité politique ?

À part le vote, « *il n'y a pas d'autre possibilité* », et d'ailleurs, « *c'est comme ça* » répondent les éditorialistes derrière leur plateau !

Cet article m'engage pour contribuer à la production d'une réflexion enrichie par le questionnement des relations sociales dans l'univers actuel, associée aux conditions de la construction d'une légitimité politique portée par des commentateurs inféodés, qui squattent les médias et les émissions autour de l'actualité sociale.

Tous les experts en plateaux, reconnus par leurs compétences journalistiques, réputés pour leur production au service des intérêts privés, traduisent la reconnaissance publique qu'ils ont obtenu, comme une apparence de la vérité, évitant toute controverse.

Arrivés à un tel niveau de dévouement, ils sont confortés dans leur esprit à dire ce qu'ils veulent, aussi partial ou infondé cela soit-il, personne ne viendra contredire leur allégation, ni les déposséder de leur pré carré.

Tout se passe comme si, cette abondance d'avis et d'opinions anachroniques, de certitudes absurdes, d'évidences exposées et de thématiques ignorées n'avaient presque aucun impact sur leur popularité. Je peux qualifier cette prose politique et sociale, envahissante, sûre d'elle, érudite et tapageuse au service de considérations qui fondent leur autorité sur la seule identité de ceux qui la diffuse, ignorant par là tous les travaux désintéressés des sciences humaines et économiques pertinents sur les sujets qu'ils abordent ou pas.

Finalement, tout ce que l'on pourrait penser de la production de ces énonciations politiques, subtiles, argumentées, analysées et exhaustives devient simplificateur et futile selon leur position de dépendance. La manière de défendre leurs positions se résume à des truismes, ignorant non seulement les faits, mais aussi les arguments de ceux qui ne pensent pas comme eux.

Le débat n'est pas l'ennemi de la complexité du monde social, pas plus que l'ennemi du concret des interrelations sociales dans l'environnement économique, de la justice sociale et d'une vision de long terme.

Le vote n'est « *qu'une* » des voies de la production de la légitimité, il y en a d'autres, et les combats contre les choix sociaux gouvernementaux attestent que le recours exclusif aux élections, dans ses formes actuelles, ne répond pas aux aspirations des citoyens.

Le problème que pose la démocratie provient des règles démocratiques qui sont fixées et de l'obéissance en démocratie.

La démocratie pose des règles, par lesquelles le pouvoir décide de certains choix politiques, non pas de manière tyrannique, par un seul, mais par une assemblée d'élus, à l'écoute des citoyens éclairés et libres. Mais une fois le vote confirmé, est-ce pour autant - *qu'il n'y a plus rien à voir, donc circulez* - et nous entendre dire – *attendez, vous avez voté, vous n'aviez pas une arme sur la tempe au moment de mettre le bulletin dans l'urne, et vous avez voté librement* - ce modèle du consentement, qui consiste à dire qu'en tant que sujets politiques, je consens pour toujours à obéir, repose sur une définition de la démocratie qui mutile, parce que la démocratie ce n'est pas seulement des règles, ce n'est pas seulement des formes, mais c'est aussi une exigence, autrement dit, une démocratie critique.

Quel que soit le résultat des élections, je garde ma capacité de penser, de critiquer et qu'aucun représentant politique n'a le droit de venir me voir, pour me dire – *attendez, c'est trop tard, il fallait réfléchir avant de voter* – ce qui représente la manière dont s'est organisé le modèle du consentement républicain, qui est là pour verrouiller l'obéissance, c'est-à-dire, qui consiste à dire, c'est trop tard, c'est toujours trop tard.

La modernité d'hommes en démocratie consiste à dire - *nous sommes là et nous vivons dans des sociétés parce qu'idéalement, nous avons tous consenti librement* - ce qui signifie, bien que nous ne sommes ni des esclaves, ni des robots, ni des enfants, mais, en tant que sujets politiques, nous sommes responsables, nous avons consenti librement, mais le consentement n'est pas ce modèle, dans lequel librement, le pouvoir élu nous enchaînerait les mains.

Dans la modernité démocratique, on célèbre la liberté, et on accepte librement de respecter les règles qu'on nous présente, mais le pouvoir politique contribue à construire une apologie d'une forme de libre arbitre, que l'on accepte librement et qu'on édifie entre tous les citoyens, et oublie aussi, que, dans le monde démocratique, il n'y a pas que le vote, il y a aussi le droit de grève, le droit de manifester, les différentes de référendums, la délibération et parfois, le débat et la rébellion.

C'est cette forme de démocratie qu'il s'agit de comprendre, au-delà du consentement républicain, et dans sa version glorieuse et lumineuse, qui pour moi, doit être de retrouver les petits mécanismes qui nous légitiment pour vivre en société et avoir accepté d'obéir aux lois. Si je suis un sujet politique, c'est que j'ai accepté les règles, ce qui représente la démonstration et la définition de la démocratie que je ne remets pas en cause.

Ce que je souhaite montrer, c'est la forme incomplète de cette démocratie, et le fait que, comme sujet politique, chaque citoyen doit continuer à s'interroger sur la légitimité de ce qui lui a été imposé, même si cela a été voté au Parlement par des représentants élus démocratiquement. Il s'agit pour moi d'essayer d'explorer les limites de ce modèle du consentement, en particulier dans ses dimensions économiques et sociales.

Je peux prendre pour exemple, l'obéissance à la soumission, ou je comprends les salariés qui sont humiliés dans leur travail, mais, s'ils refusent les ordres, ils risquent de perdre leur emploi, et face à des endettements, faits de crédits, ils mettent en balance le coût de la désobéissance. Il y a une partie de l'obéissance qui est basée sur l'impossibilité de désobéir – *oui, j'aimerais bien désobéir, mais le coût que je vais devoir supporter est si lourd que je ne peux l'assumer et m'oblige à la soumission.* - Cette forme de soumission est quand même respectable et m'interdit d'aller faire la leçon à ces salariés soumis.

Cela dit, pour moi, le problème vient de l'obéissance comme une excuse, l'exagération du coût de la désobéissance, des conséquences prévisibles, qui traduit aussi une obéissance bien confortable, montrant le côté confortable de pouvoir se dire - *oui de toute façon, moi, j'obéis* - manière de me déresponsabiliser, renforcer le système social qui est là, et en même temps, nous permettre de nous déresponsabiliser.

Dans nos sociétés, existe une forme de la désobéissance, qui pour moi, relève justement du moment où je dis, je ne peux plus faire semblant de ne pas voir, c'est-à-dire que je me sens dans une affirmation d'humanité.

Pendant des siècles, face au problème de l'obéissance et de la désobéissance, on partait de l'opposition entre l'homme et l'animal, c'est-à-dire - *on disait, être un homme, c'est accéder à des règles communes* - on ne devient homme que par l'apprentissage de l'obéissance, on se soumet à des règles et à des lois, constituant un ensemble d'éléments idéaux, opposés à ses pulsions anarchiques. On met en exergue l'opposition entre la désobéissance, ultime trace d'une espèce de sauvagerie première et celui qui est bien éduqué, obéissant à l'autorité.

Depuis la première modernité des Lumières, puis la deuxième modernité, celle de la raison industrielle et de la gestion de masse, la polarité ne sera plus entre l'homme et l'animal, mais entre l'homme et la machine, c'est-à-dire que, quand on a un comportement machinique, on obéit, mais de manière complètement inhumaine. L'obéissance n'est pas ce qui nous fait entrer dans l'humanité, c'est au contraire ce qui fait qu'on est purement dans la fonctionnalité de la machine, conditions des sociétés de contrôle et des totalitarismes.

La désobéissance devient un témoignage d'humanité, c'est-à-dire le moment ou, non, je refuse cette injonction, cette autorité, et même si un autre l'accepterait, ce ne sera pas moi qui l'exécuterai. Cette désobéissance que j'évoque, ce n'est pas forcément la révolte, c'est simplement le moment d'arrêter d'obéir. Je veux dire par là, que le pouvoir politique ne tient que par notre obéissance, c'est notre obéissance qui fait tenir les rapports économiques par la soumission.

Le pouvoir politique donne des gages pour nous faire obéir, mais, au-delà, je pense au plaisir qu'il y a dans l'obéissance, une forme de jouissance - *je pense que l'on est content de montrer à l'autre ce que l'on est* — comme le syndrome du bon élève, à qui on fait accepter beaucoup de choses pour avoir de la reconnaissance et ne pas se sentir seul. Dans nos sociétés, notre manière de nous sentir ensemble passe à travers l'adoration d'un chef à qui on obéit, passe par l'obéissance, ce que l'on partage le mieux, par opposition à la désobéissance, qui, elle ne le sera pas.

Rares sont les événements politiques ou les rébellions par des mouvements de désobéissance civile qui ont fini par cristalliser les populations, parce qu'ils sont beaucoup plus rares les moments où on apprend à désobéir ensemble.

Il me semble qu'il y a des fluctuations dans l'histoire par rapport à cette jouissance d'obéir. La question que je me pose, pourquoi dans les sociétés d'aujourd'hui est-on fasciné par des figures autoritaires ?

Parmi les figures de l'obéissance, comme la soumission, le conformisme et le consentement, existe aussi la figure de l'obéissance que l'on désigne par la subordination, c'est-à-dire le rapport d'autorité dans son sens non-autoritaire, mais par calcul stratégique. Vous obéissez, parfois, parce que vous reconnaissez la légitimité de celui qui vous donne des ordres, c'est le rapport du maître à l'enfant, le rapport des parents à l'enfant, je peux bien aussi imaginer que je vais obéir parce que je sais que celui qui m'enjoint des ordres, me les donne pour mon bien.

Cette figure de la subordination, que l'on peut désigner par l'autorité, fascine parce que c'est la seule figure de pouvoir dans laquelle on a ces deux éléments qui peuvent paraître complètement contradictoires - *à savoir l'indiscutable et l'absence de violence - je veux dire la vraie autorité* - c'est celle qui s'impose de telle sorte qu'on ne discute pas, mais sans aucune violence.

L'évoquer justement en ce moment, c'est dire que le pouvoir politique met de la même manière le sécuritaire - *qui est le contraire de la sécurité autoritaire* - mais c'est aussi le contraire de l'autorité, parce que c'est de l'indiscutable, et que l'imposer de manière répressive ne s'impose pas.

Alors pourquoi est-ce qu'aujourd'hui le pouvoir autoritaire fascine ?

Peut-être parce que précisément, on est dans une société dans laquelle on se pose la question de la cohésion, de ce qui fait communauté, de ce qui peut nous rassembler et au fond, une espèce de modèle du rassemblement autour d'un chef. Face à une usure de la démocratie qui aurait trop systématiquement montrer ses mauvais aspects, se produit cette espèce de fascination de la figure autoritaire. Quand j'évoque une usure démocratique, le sens accordé provient d'une démocratie, avant tout, une **institution des libertés.**

Mais on lui a fait porter aussi un autre sens, qui est au fond une promesse aussi d'égalité sociale, et quand on voit combien ont explosées de manière exponentielle les inégalités sociales, on est dans un monde dans lequel la classe moyenne est de plus en plus fragile, garante des démocraties, qui traduit cette usure. Cette classe moyenne, pour des raisons de mécanismes sociaux, par la production de richesses permises par la dette, finit par avoir des effets terribles sur le futur des nouvelles générations, générations forcément endettées.

Alors que si vous avez déjà du patrimoine, vous avez des mécanismes de démultiplication de l'argent pour ceux qui en ont déjà beaucoup et au contraire des univers d'appauvrissement pour ceux qui en ont peu, car l'argent coûte cher aux pauvres et si vous êtes riche, l'argent vous coûtera peu. Par une certaine rationalité, on va faire payer plus cher l'argent aux pauvres parce qu'on sera moins sûr qu'ils vont rembourser, au contraire, moins cher pour les plus nantis, produisant un effritement de la classe moyenne.

Peut-être que cette apparition de l'autoritarisme est aussi un symptôme de cet effondrement de la classe moyenne, parce qu'il faut bien voir que cette figure du chef rappelle les premières figures des régimes autoritaires, qui se sont appuyés sur le peuple ruiné et la contestation des élites. Moment où la démocratie devient une espèce d'oligarchie, complètement fermée sur elle-même, et qui fait surgir une autre demande politique.

Ressusciter la dissidence, les dissidences civiques, c'est la dissonance d'une voix dans le concert monocorde du conformisme qui exprime cette impossibilité intérieure faite au citoyen, d'une humanité comme valeur. L'exigence de la dissidence civique est le reflet inversé du premier concept d'obéissance, la soumission qui se définissait par l'impossibilité de désobéir, qui était la seule raison d'obéir, alors que le dissident fait preuve de l'impossibilité de continuer à obéir.

4. <u>LES « *ILLUSIONNISTES* » DE LA REPRÉSENTATIVITÉ DES ÉLECTIONS</u>

Pas un seul commentateur médiatique qui n'évoque la vérité des élections !

Le vote, comme outil de la participation, représente l'ultime solution d'évincement des résistants et des dissidents à ces modalités électorales. Il s'agit par-là de préserver le pouvoir des institutions en place afin que tout suppôt des gouvernants continue à s'identifier au monarque.

Après la vacuité des scrutins, la médiocrité des élus et des gouvernants, comment considérer une telle légitimité.

Les élus, soutenus par la révélation de leur légitimité, valident les résultats électoraux, leurs positions institutionnelles et leurs capacités de représentation.

Il n'y a plus de mystification possible tant la réalité les rattrape. La confiance dans les institutions sombre dans l'indifférence et la résignation, tant elles ne servent plus les citoyens.

Les manifestations sociales révèlent un profond mouvement de conservation des engagements sociaux. La liberté, par ses multiples exigences et son exercice constitue un capital, certes lourds à porter, mais indissociable des vies. Après la pandémie, ne plus renoncer à nos idéaux, nous assignent à la vigilance, au moment où les dérives sociales, climatiques et financières appellent de notre part, des garanties quant à nos conditions de vie futures.

Face à une société en action, universaliste, voyageuse, avide de s'investir, de se prendre en charge, qui fructifie son capital financier et social, on croise une autre société qui se sent abandonnée, repliée sur son milieu fermé, sans projet significatif, réfractaire à la responsabilisation, qui répond par des réactions de défiance à l'égard d'un monde accéléré.

En apparence, on a l'impression que la société est dynamique, que l'individu a la capacité d'avoir plusieurs vies en une, qu'il développe des qualités à multi-facettes, avoir réponse à tout, sur ce qu'il mange, s'il est écoresponsable ou s'il éduque bien ses enfants. Et puis, il y a une société qui décroche, qui s'interroge, qui vit dans l'angoisse et dans la peur de la crise économique et sociale, qui se pose la question de son utilité et du sens à donner à sa vie.

La charge mentale de l'individu procure une responsabilité permanente. Cet élargissement de l'autonomie individuelle a un prix à payer, très concret, qui s'inscrit dans des sujets épuisés. Il s'agit d'être toujours présent, accompagné d'objectifs toujours plus élevés, dans la performance et dans les résultats. La pandémie a provoqué une prise de conscience, elle a révélé la quête d'une autre vie, un vague objet de désir, qui s'inscrit dans un nouveau projet sociétal, qui s'entretient dans une utopie communautaire, autour d'une société plus compréhensive, plus préservatrice.

La pandémie a aussi révélé, que nous sommes disposés à sacrifier des pans entiers de nos libertés, pour tolérer et accepter toutes les normes et les injonctions imposées, par souci de confort mental, et nous abandonner à des pratiques de pouvoir de plus en plus autoritaires.

Au moment où le pouvoir décide d'imposer une nouvelle loi sur les retraites, se pose la question de la légitimité des représentants élus et des décisions entérinées qui restreignent les conditions de vie de millions de citoyens. Avec une Assemblée nationale qui fonctionne plutôt comme une chambre d'enregistrement des résolutions présidentielles, jamais n'ont été mises en débat les choix mortifères dans une démocratie.

Depuis plusieurs années, la légitimité des actions des gouvernants, des scientifiques, des entreprises et des institutions se pose en termes de débat, à la vue des restrictions sociales que les successions de crises continuent d'imposer.

4.1.   Qu'est-ce que la légitimité ?

Les définitions, nombreuses, de la légitimité insistent sur l'idée d'une acceptation collective des décisions. Le sens de ces décisions pose la condition d'être partagées et de faire consensus afin de permettre leurs applications. Mais pour que cette adhésion commune se produise, il faut qu'il y ait une cohérence positive entre les appréciations individuelles et les orientations politiques. Alors, comment accepter une décision collective que l'on ne partage pas et que l'on désapprouve au niveau individuel ?

L'acceptation sociale des décisions convoque la condition de la compréhension de leurs finalités et doit se traduire par une visibilité d'adhésion, compléter de résultats perçus et concrets. Cette adhésion collective se constitue à partir d'un processus de partage de sa signification, de perspectives communautaires partagées, des relations sociales communes qui relient les individus les uns aux autres, comme condition de la construction sociale collective.

Cette revendication de valeur doit être soutenue par la réflexion, la communication, la compétence et la responsabilité du pouvoir et des institutions qui structurent les décisions.

La légitimité d'une action, lorsqu'elle concerne les populations dans leur vie privée, dépasse l'acceptabilité collective ou la capacité à faire consensus. Mais la façon dont les individus acceptent l'application de nouvelles orientations dépend des motivations personnelles quant aux effets positifs ressentis, propres à chaque individu. Les motivations autonomes constituent des forces qui agissent sur l'individu et le poussent à accepter de nouveaux choix. La légitimité d'une décision politique ne se limite ainsi pas à sa base légale et à l'acceptation collective d'une règle contraignante, mais doit prendre en compte les motivations individuelles et les convictions de chacun.

L'attention portée aux composantes socio-psychologiques manifeste une importance radicalement décisive pour percevoir pourquoi des décisions qui dévoilent un consensus apparent au niveau collectif, peuvent être désavouées au niveau individuel et fonder des affrontements légitimes.

Pour lever les blocages individuels, les pouvoirs et les hommes politiques doivent mobiliser l'ensemble des individus eux-mêmes afin de faire partager leur propre expérience personnelle et leur vécu, en dehors de toute injonction médiatique. Pour comprendre et lever les résistances face à l'application des méthodes coercitives, l'identification des caractéristiques et des catalyseurs individuels s'avère une étape déterminante. Une décision légitime ne peut se soustraire aux principes d'autonomie et de consentement libre et éclairé, qui restent parmi les plus fondamentaux pour garantir le respect de nos libertés individuelles, il ressort que, dans tous les cas, les solutions d'acceptation passent par la persuasion et non la coercition.

Une autre dimension porte sur la représentativité des dirigeants politiques. Jacques Rancière, dans « *La haine de la démocratie*[12] », nous rappelle combien l'on aurait tort de réduire la démocratie à celle du vote, réduction qui est précisément de nature anti-démocratique. Les mouvements de manifestations contre la Réforme de la retraite réaffirment le principe de l'action continue sur l'élection, comme fondement de la légitimité démocratique. Ne peut-on pas voir les rébellions contre la Réforme des retraites, comme des actes répondant à cette exigence de continuité et comme un moment d'explosion démocratique ?

Comme déjà exploré par Jacques Rancière qui souligne, combien le propre d'une démocratie est de reconnaître la capacité de n'importe qui d'y prendre part, en remettant en cause l'idée même qu'il faudrait et qu'il y aurait une compétence pour gouverner, les revendications portées par les mouvements de manifestations contre la Réforme de la retraite comme un symbole contribuent à la démonstration d'une justice sociale représentative.

---

[12] - *Rancière Jacques - La Haine de la démocratie, Paris, La Fabrique, 2013.*

Nous devons résister à toute forme de légitimité du pouvoir qui ne proviendrait que d'une quelconque élection, comme nous le justifie bon nombre de femmes et d'hommes politiques actuels, supportés par les acteurs médiatiques, de ne la voir qu'à travers le seul mode de représentation, pour instiller la nécessité d'obtenir le consentement des gouvernés.

Or, l'élection et le consentement ne se recoupent pas : une élection ne veut pas dire consentement, et surtout pas dans la durée. L'absence de recherche du consentement fait directement écho à une des revendications majeures des mouvements de manifestations contre la Réforme de la retraite.

Sur les critiques relatives, aux actes mineurs de violences, ceux-ci apparaissent bien modestes comparés à celle des inégalités de richesse. La disproportion qu'il y a, à qualifier de violences, des dégradations ponctuelles, localisées et de faible ampleur, tout en omettant celles qui en sont les causes comme le chômage de masse, de longue durée, des jeunes, des seniors, des hommes et des femmes, des immigrés, des sans-papiers, la précarité, les conditions de vie et de logement, démontrent le caractère de parti-pris des messes médiatiques alimentées par ceux qui ne subissent pas de telles conditions de vie.

Un autre aspect significatif de cette révolte des « *sans* », fait la place significative des femmes dans les défilés. On peut rapprocher cette sur-représentation des femmes avec le nombre d'entre elles qui exercent dans des métiers pénibles, à faible rémunération et à très forte précarité. Que l'on songe au personnel des maisons de retraite et des hôpitaux, au personnel d'entretien, aux femmes dans les services de la restauration et de l'hôtellerie, aux enseignantes, aux aides à domicile ou encore aux assistantes maternelles.

Le développement récent de ces activités n'est pas allé de pair avec la revalorisation symbolique de ces métiers et surtout traduit une immense absence de considération et de reconnaissance. On peut imaginer le ressenti de ces populations, stigmatisées par leur résistance aux injonctions sociales, lorsque, par un renversement de culture économique et sociale, l'on demande aux plus pauvres de prendre soin des plus riches, avec comme perspective, la suppression de l'ISF (Impôt sur la Fortune), une baisse d'impôt des plus riches, et considéré comme une aide fiscale en faveur de ceux-là même, pour financer leurs désormais serviteurs.

On peut interroger la déconsidération des impôts par les plus pauvres, dans la mesure où ils et elles sont les premiers et les premières à bénéficier de prestations sociales. Mais face au sentiment d'injustice fiscale, symbolisée par l'existence d'exonérations offertes aux contribuables les plus aisés, comme les « *niches fiscales* », par l'incompréhension de l'utilité de certains prélèvements et taxes, se cristallisent une vision négative des impôts.

Le point crucial du pouvoir d'achat est lancinant dans les mouvements de manifestations contre la Réforme de la retraite. Les statistiques disponibles à ce sujet, masquent souvent les disparités. Lorsque, selon l'INSEE, le salaire moyen d'une personne travaillant à temps plein dans une entreprise privée ou publique est aujourd'hui de 2 375 euros nets, alors que le salaire médian est de 2 012 euros nets par mois, on voit bien que le salaire moyen est en quelque sorte « *tiré vers le haut* » par les plus hauts salaires et laisse de côté plus de la moitié des actifs.

En conclusion de ces résistances sociales, on peut vérifier que la transition sociale et la transition écologique sont intimement liées et que cela signifie que la transition sociale ne peut être subordonnée à la transition écologique.

La réponse aux urgences économiques et citoyennes n'est compatible avec les transformations de moyen et long terme que sous certaines conditions, comme la réduction drastique des inégalités, associées à une plus grande justice sociale.

À plus ou moins long terme, les réponses sociales restent à construire, et, au lieu de rechercher la condamnation des mouvements de manifestations contre la Réforme de la retraite, il est préférable de repenser la participation des forces syndicales, politiques et associatives aux rassemblements locaux et aux assemblées, comme des forces de proposition.

Outre cette implication nécessaire à tous les échelons depuis le local jusqu'au national, il est indispensable de poursuivre le débat stratégique au sein de toutes les structures sociales et institutionnelles traditionnelles qui représente un enjeu crucial.

Tout ceci est important, car il importe d'inclure une dimension de solidarité avec les populations les plus précarisées, comme les banlieues, les migrants, les jeunes, les familles monoparentales, toutes très mal représentées par le mouvement de manifestations contre la Réforme de la retraite, et de limiter le risque de la confrontation sociale pour l'émancipation.

Supplanté par des formes d'action incontrôlées, le prix à payer d'une évanescence des structures d'intermédiation socio-politique serait lourd en termes de résurgence des thèmes identitaires ou de développement d'un mouvement réactionnaire. Il s'agit de démontrer que la destruction de la nature n'est qu'un aspect de la culture de domination dans laquelle nous baignons, où le mépris de classe, le racisme, la xénophobie, le sexisme, s'expriment souvent jusqu'au plus haut niveau de l'État.

Faire vivre des solutions utopiques - l'autogestion, l'entretien des espaces publics, cantine autogérée, aides auprès des commerçants locaux. C'est à travers ces formes de revendications comme la création d'assemblées citoyennes décisionnaires que nous exprimerons notre confiance dans la démocratie directe pour renforcer notre résilience face aux crises bioclimatiques et sociales en cours. Cette reconnaissance sociale répond à un besoin urgent de transformation de la société sous peine de mouvements plus violents. Grâce à ces pratiques de résistances et de désobéissance, qui engagent ces revendications, nous pouvons faire vivre la démocratie directe au cœur de Paris et de la France, montrer l'alliance possible avec d'autres énergies et d'autres luttes, dans un front commun non-violent contre l'écocide programmé et le système socio-économique qui en est la cause.

Malgré ces avancées, le rapport de force espéré avec le pouvoir n'a pas lieu, faute de confrontation sur les thèmes qui nous occupent. Le gouvernement semble avoir opté pour la tactique du « *ne rien entendre, ne pas écouter* », sans doute pour éviter un retour médiatique négatif lié à la répression d'un mouvement non-violent, et jouer le jeu de la division entre les luttes sociales et écologiques.

L'urgence est réelle, vitale, et il est de notre devoir de créer un rapport de force suffisant pour transformer notre société et ses normes. Dans un tel contexte, les nouvelles résistances en forme de désobéissance sociale représenteraient le support requis en termes de mobilisation et d'avènement d'institutions d'intermédiation afin de réévaluer les propositions destinées à préserver les acquis issus des insurrections collectives.

Je souhaite porter à la connaissance du grand public les formes de représentativité que constituent les élections, tant présidentielles, que législatives et sénatoriales, qui conditionnent la légitimité des gouvernants.

Les graphiques ci-dessous, dont les données ont pour origine le ministère de l'Intérieur nous rappellent les conditions de la représentativité nationale.

Pour l'ensemble des graphiques permettant de comprendre la représentativité des institutions, je ne considère que le **nombre d'inscrits afin d'avoir une véritable représentation de la population.**

4.2. <u>Graphique 1 : Représentation des élections présidentielles - Premier Tour - 2022 – Nombre de votants / Nombre inscrits</u>

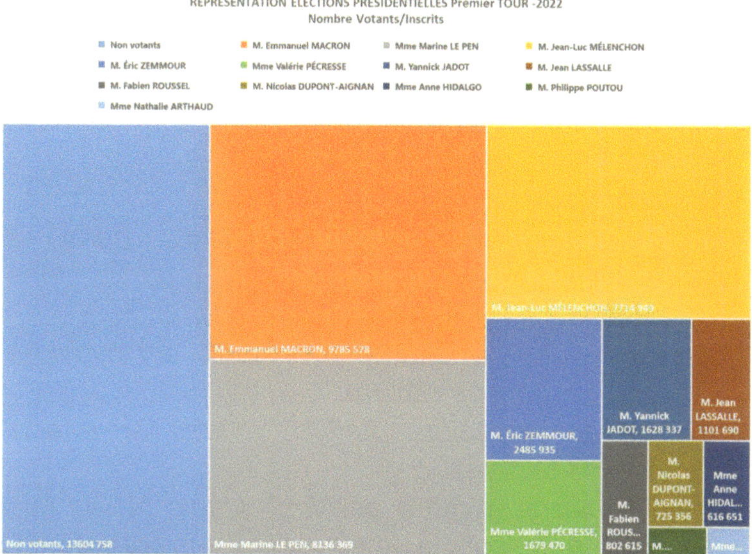

<u>Grille de lecture :</u>

- Le nombre de non-votants, plus de 13 millions, est supérieur à celui de tous les candidats.
- Emmanuel Macron arrive en tête avec moins de 10 millions d'électeurs, sur un total d'inscrits de 48 747 876.
- Ou vu différemment, plus de 38 millions n'ont pas voté pour lui ou n'ont pas voté du tout.

Comment se prévaloir d'une telle légitimité à la vue de tels résultats pour engager le projet de Réforme des retraites, ainsi que sur les autres projets de loi ?

<u>Auto-analyse des élections dans votre collectivité ou département :</u>

<u>*Pour comprendre la représentativité des élections de votre collectivité ou département, vous pouvez utiliser le tableau ci-dessous :*</u>

<u>*Méthode :*</u>

1- *Rechercher le nombre d'inscrits dans votre collectivité ou département, le reporter dans le tableau.*
2- *Rechercher le nombre de votants par candidat, le reporter dans le tableau.*
3- *Calculer le nombre total des votants (3), le reporter dans le tableau.*
4- *Calculer le nombre de Non-votants (4) en faisant Nombre Inscrits (1) moins Total des votants (3) = 1 - 3.*
5- *Analyser la représentativité pour votre collectivité ou département.*

1-Nombre Inscrits	
Candidats	**2-Nombre Votants**
M. Emmanuel MACRON	
Mme Marine LE PEN	
M. Jean-Luc MÉLENCHON	
M. Éric ZEMMOUR	
Mme Valérie PÉCRESSE	
M. Yannick JADOT	
M. Jean LASSALLE	
M. Fabien ROUSSEL	
M. Nicolas DUPONT-AIGNAN	
Mme Anne HIDALGO	
M. Philippe POUTOU	
Mme Nathalie ARTHAUD	
3 - TOTAL DES VOTANTS	
4 - Non-Votants = Nombre Inscrits - Total votants = 1 - 3	

4.3. <u>Graphique 2 : Représentation des élections présidentielles - Premier Tour - 2022 – Pourcentage du nombre de votants / Pourcentage du nombre d'inscrits</u>

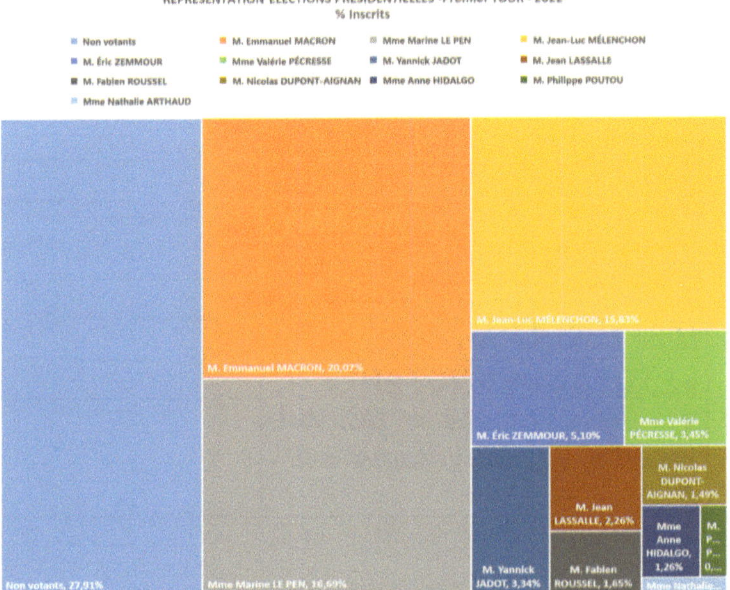

<u>Grille de lecture :</u>

- Le pourcentage de non-votants, près de 28 %, est supérieur à celui de tous les candidats.
- Emmanuel Macron arrive en tête avec 20 %.
- Ou vu différemment, plus de 80 % n'ont pas voté pour lui ou n'ont pas voté du tout.

Comment se prévaloir d'une telle légitimité à la vue de tels résultats pour engager le projet de Réforme des retraites, ainsi que sur les autres projets de loi ?

<u>Auto-analyse des élections dans votre collectivité ou département :</u>

<u>*Pour comprendre la représentativité des élections de votre collectivité ou département, vous pouvez utiliser le tableau ci-dessous :*</u>

<u>*Méthode :*</u>

1- *Rechercher le nombre d'inscrits dans votre collectivité ou département, le reporter dans le tableau.*
2- *Rechercher le nombre de votants par candidat, le reporter dans le tableau.*
3- *Calculer le nombre total des votants (3), le reporter dans le tableau.*
4- *Calculer le nombre de Non-votants (4) en faisant Nombre Inscrits (1) moins Total des votants (3) = 1 - 3.*
5- *Calculer le % de Votants par candidat par rapport au nombre total d'inscrits.*
6- *Calculer le % des non-votants par rapport au nombre total d'inscrits*
7- *Analyser la représentativité de chaque candidat pour votre collectivité ou département.*

1-Nombre Inscrits		
Candidats	**2-Nombre Votants**	**5 = % 1/2**
M. Emmanuel MACRON		
Mme Marine LE PEN		
M. Jean-Luc MÉLENCHON		
M. Éric ZEMMOUR		
Mme Valérie PÉCRESSE		
M. Yannick JADOT		
M. Jean LASSALLE		
M. Fabien ROUSSEL		
M. Nicolas DUPONT-AIGNAN		
Mme Anne HIDALGO		
M. Philippe POUTOU		
Mme Nathalie ARTHAUD		
3 - TOTAL DES VOTANTS		
4 - Non-Votants = Nombre Inscrits - Total votants = 1 - 3		

4.4. <u>Graphique 3 : Représentation des élections présidentielles - Second Tour - 2022 - Nombre de votants / Nombre d'inscrits</u>

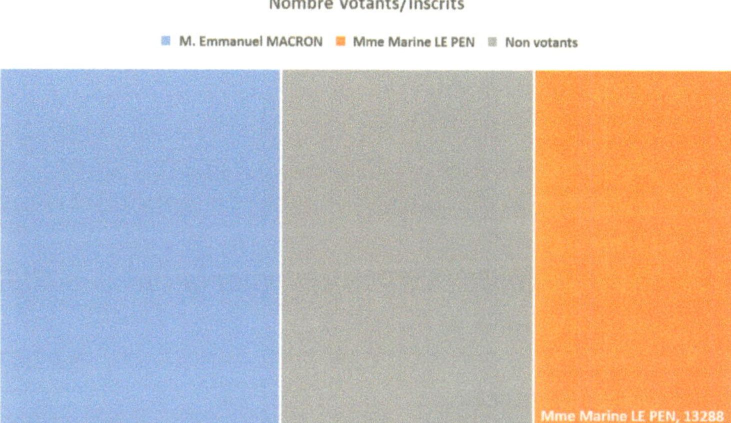

<u>Grille de lecture :</u>

- Le nombre de non-votants est supérieur à 16 millions.
- Emmanuel Macron arrive en tête avec plus de 18 millions d'électeurs, sur un total d'inscrits de 48 752 339.
- Ou vu différemment, plus de 32 millions n'ont pas voté pour lui ou n'ont pas voté du tout.

Comment se prévaloir d'une telle légitimité à la vue de tels résultats pour engager le projet de Réforme des retraites, ainsi que sur les autres projets de loi ?

<u>Auto-analyse des élections dans votre collectivité ou département :</u>

<u>*Pour comprendre la représentativité des élections de votre collectivité ou département, vous pouvez utiliser le tableau ci-dessous :*</u>

<u>*Méthode :*</u>

1- *Rechercher le nombre d'inscrits dans votre collectivité ou département, le reporter dans le tableau.*
2- *Rechercher le nombre de votants par candidat, le reporter dans le tableau.*
3- *Calculer le nombre total des votants (3), le reporter dans le tableau.*
4- *Calculer le nombre de Non-votants (4) en faisant Nombre Inscrits (1) moins Total des votants (3) = 1 - 3.*
5- *Analyser la représentativité pour votre collectivité ou département.*

1-Nombre Inscrits	
Candidats	**2-Nombre Votants**
M. Emmanuel MACRON	
Mme Marine LE PEN	
3 - TOTAL DES VOTANTS	
4 - Non-Votants = Nombre Inscrits - Total votants = 2 - 3	

4.5. <u>Graphique 4 : Représentation des élections présidentielles - Second Tour - 2022 – Pourcentage du nombre de votants / Pourcentage du nombre d'inscrits</u>

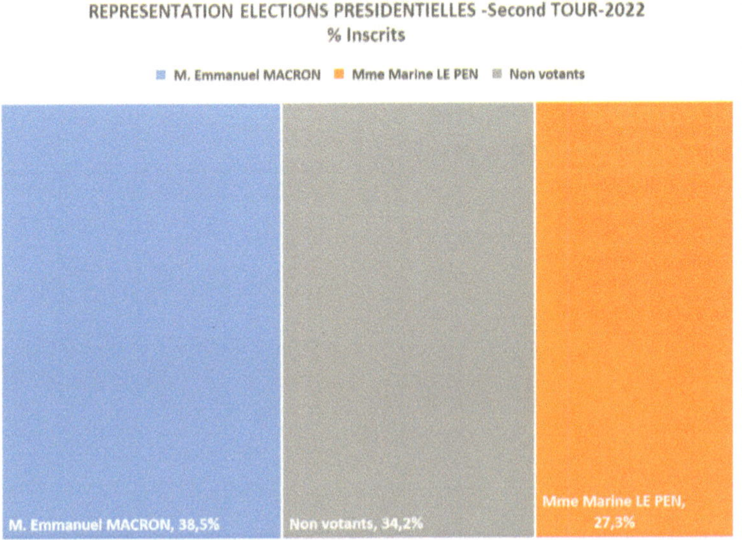

<u>Grille de lecture :</u>

- Le nombre de non-votants est supérieur à 34 %.
- Emmanuel Macron arrive en tête avec 38,5 %.
- Ou vu différemment, plus de 62,5 % n'ont pas voté pour lui ou n'ont pas voté du tout.

Comment se prévaloir d'une telle légitimité à la vue de tels résultats pour engager le projet de Réforme des retraites, ainsi que sur les autres projets de loi ?

<u>Auto-analyse des élections dans votre collectivité ou département :</u>

<u>*Pour comprendre la représentativité des élections de votre collectivité ou département, vous pouvez utiliser le tableau ci-dessous :*</u>

<u>*Méthode :*</u>

1- *Rechercher le nombre d'inscrits dans votre collectivité ou département, le reporter dans le tableau.*
2- *Rechercher le nombre de votants par candidat, le reporter dans le tableau.*
3- *Calculer le nombre total des votants, le reporter dans le tableau.*
4- *Calculer le nombre de Non-votants (4) en faisant Nombre Inscrits (1) moins Total des votants (3) = 1 - 3.*
5- *Calculer le % de votants par candidat par rapport au nombre total d'inscrits*
6- *Calculer le % des non-votants par rapport au nombre total d'inscrits*
7- *Analyser la représentativité de chaque candidat pour votre collectivité ou département.*

1-Nombre Inscrits		
Candidats	**2-Nombre Votants**	**5 = % 1/2**
M. Emmanuel MACRON		
Mme Marine LE PEN		
3-TOTAL DES VOTANTS		
4 - Non-Votants =Nombre Inscrits - Total votants = 1 - 3		

4.6. <u>Graphique 5 : Représentation des élections législatives - Premier Tour - 2022 - Nombre de votants / Nombre inscrits</u>

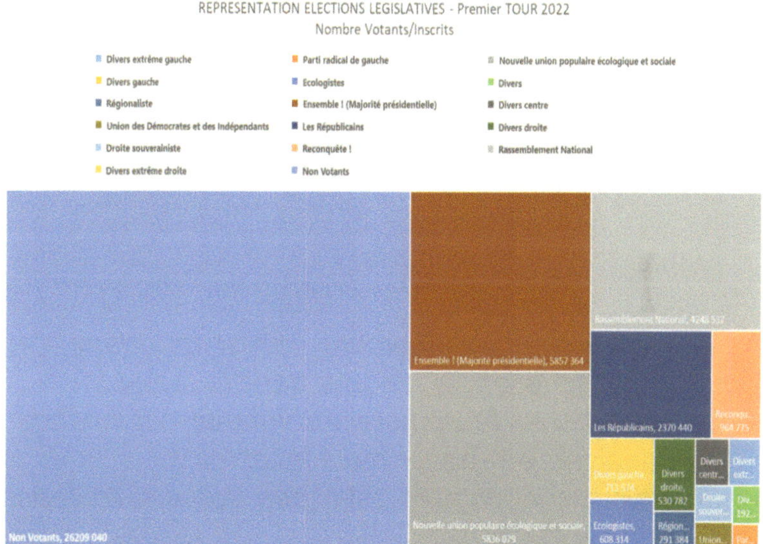

<u>Grille de lecture :</u>

- Le nombre de non-votants est supérieur à 26 millions de citoyens.
- La liste Ensemble ! (majorité présidentielle) obtient 5 857 364 voix sur 48 953 748 d'inscrits.
- Ou vu différemment, 43 096 384 millions n'ont pas voté pour la liste Ensemble ! (majorité présidentielle) ou n'ont pas voté du tout.

Comment se prévaloir d'une telle légitimité à la vue de tels résultats pour engager le projet de Réforme des retraites, ainsi que sur les autres projets de loi ?

<u>Auto-analyse des élections dans votre circonscription :</u>

<u>Pour comprendre la représentativité des élections de votre circonscription, vous pouvez utiliser le tableau ci-dessous :</u>

<u>Méthode :</u>

1- *Rechercher le nombre d'inscrits dans votre circonscription, le reporter dans le tableau.*
2- *Rechercher le nombre de votants par nuance de candidat, le reporter dans le tableau.*
3- *Calculer le nombre total des votants, le reporter dans le tableau.*
4- *Calculer le nombre de Non-votants (4) en faisant Nombre Inscrits (1) moins Total des votants (3) = 1 - 3.*
5- *Analyser la représentativité par nuance de candidat pour votre circonscription.*

1-Nombre Inscrits	
Nuances de Candidats	**2-Nombre Votants**
Divers extrême gauche	
Parti radical de gauche	
Nouvelle union populaire écologique et sociale	
Divers gauche	
Écologistes	
Divers	
Régionaliste	
Ensemble ! (Majorité présidentielle)	
Divers centre	
Union des Démocrates et des Indépendants	
Les Républicains	
Divers droite	
Droite souverainiste	
Reconquête !	
Rassemblement National	
Divers extrême droite	
3 - TOTAL DES VOTANTS	
4 - Non-Votants = Nombre Inscrits - Total votants = 1 - 3	

4.7. <u>Graphique 6 : Représentation des élections législatives - Premier Tour - 2022 - Pourcentage du nombre de votants / Pourcentage du nombre d'inscrits</u>

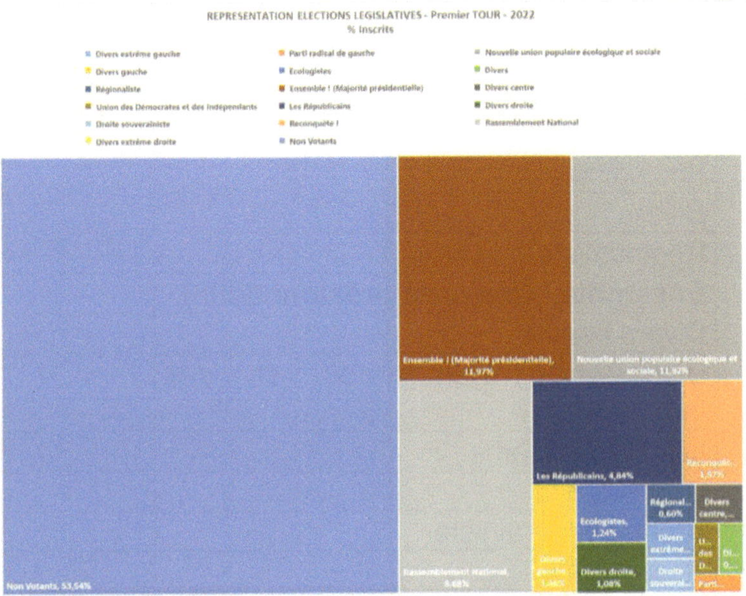

<u>Grille de lecture :</u>

- Le nombre de non-votants est supérieur à 53 %.
- La liste Ensemble ! (majorité présidentielle) obtient 11,97 % du total des inscrits.
- Ou vu différemment, plus de 88 % n'ont pas voté pour la liste Ensemble ! (majorité présidentielle), ou n'ont pas voté du tout.

Comment se prévaloir d'une telle légitimité à la vue de tels résultats pour engager le projet de Réforme des retraites, ainsi que sur les autres projets de loi ?

<u>Auto-analyse des élections dans votre circonscription :</u>

<u>*Pour comprendre la représentativité des élections de votre circonscription, vous pouvez utiliser le tableau ci-dessous :*</u>

<u>*Méthode :*</u>

1- *Rechercher le nombre d'inscrits dans votre circonscription, le reporter dans le tableau.*
2- *Rechercher le nombre de votants par nuance de candidat, le reporter dans le tableau.*
3- *Calculer le nombre total des votants, le reporter dans le tableau.*
4- *Calculer le nombre de Non-votants (4) en faisant Nombre Inscrits (1) moins Total de votants (3) = 1 - 3.*
5- *Calculer le % de votants par candidat par rapport au nombre total d'inscrits*
6- *Calculer le % des non-votants par rapport au nombre total d'inscrits*
7- *Analyser la représentativité de chaque nuance de candidat pour votre circonscription.*

1-Nombre Inscrits	_	
Nuances de Candidats	**2-Nombre Votants**	**5 = % 1/2**
Divers extrême gauche		
Parti radical de gauche		
Nouvelle union populaire écologique et sociale		
Divers gauche		
Ecologistes		
Divers		
Régionaliste		
Ensemble ! (Majorité présidentielle)		
Divers centre		
Union des Démocrates et des Indépendants		
Les Républicains		
Divers droite		
Droite souverainiste		
Reconquête !		
Rassemblement National		
Divers extrême droite		
3 - TOTAL DES VOTANTS		
4 - Non-Votants = Nombre Inscrits-Total votants = 2-3		

<u>Grille de lecture :</u>

- Le nombre de non-votants est supérieur à 27 millions de citoyens.
- La liste Ensemble ! (majorité présidentielle) obtient 8 002 407 voix sur 48 589 606 d'inscrits.
- Ou vu différemment, 40 587 199 millions n'ont pas voté pour la liste Ensemble ! (majorité présidentielle) ou n'ont pas voté du tout.

Comment se prévaloir d'une telle légitimité à la vue de tels résultats pour engager le projet de Réforme des retraites, ainsi que sur les autres projets de loi ?

<u>Auto-analyse des élections dans votre circonscription :</u>

<u>Pour comprendre la représentativité des élections de votre circonscription, vous pouvez utiliser le tableau ci-dessous :</u>

<u>Méthode :</u>

1- *Rechercher le nombre d'inscrits dans votre circonscription, le reporter dans le tableau.*
2- *Rechercher le nombre de votants par nuance de candidat, le reporter dans le tableau.*
3- *Calculer le nombre total des votants, le reporter dans le tableau.*
4- *Calculer le nombre de Non-votants (4) en faisant Nombre Inscrits (1) moins Total des votants (3) = 1 - 3.*
5- *Analyser la représentativité par nuance de candidat pour votre circonscription.*

1-Nombre Inscrits	
Nuances de Candidats	**2-Nombre Votants**
Divers extrême gauche	
Nouvelle union populaire écologique et sociale	
Divers gauche	
Divers	
Régionaliste	
Ensemble ! (Majorité présidentielle)	
Divers centre	
Union des Démocrates et des Indépendants	
Les Républicains	
Divers droite	
Droite souverainiste	
Rassemblement National	
3 - TOTAL DES VOTANTS	
4 - Non-Votants = Nombre Inscrits - Total votants = 1 - 3	

4.9. Graphique 8 : Représentation des élections législatives - Second Tour - 2022 – Pourcentage du nombre de votants / Pourcentage du nombre d'inscrits

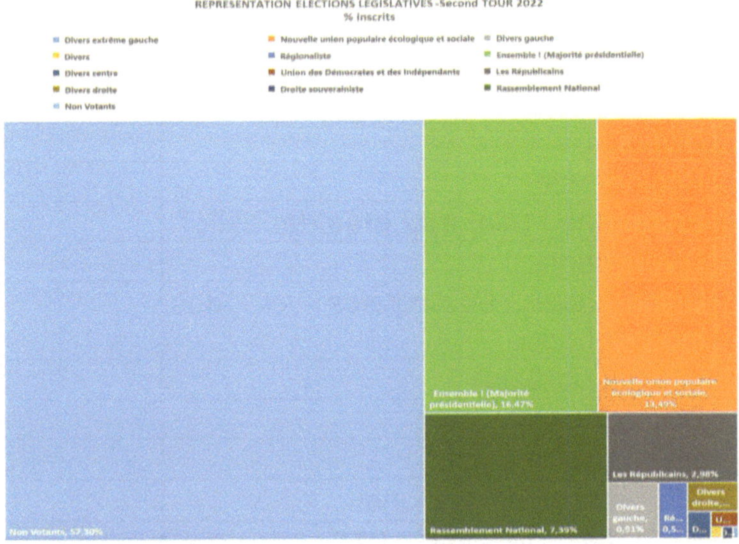

<u>Grille de lecture :</u>

- Le nombre de non-votants est supérieur à 57 %.
- La liste Ensemble ! (majorité présidentielle) obtient 16,47 % du total des inscrits.
- Ou vu différemment, plus de 83 % n'ont pas voté pour la liste Ensemble ! (majorité présidentielle) ou n'ont pas voté du tout.

Comment se prévaloir d'une telle légitimité à la vue de tels résultats pour engager le projet de Réforme des retraites, ainsi que sur les autres projets de loi ?

<u>Auto-analyse des élections dans votre circonscription :</u>

<u>*Pour comprendre la représentativité des élections de votre circonscription, vous pouvez utiliser le tableau ci-dessous : Méthode :*</u>

1- *Rechercher le nombre d'inscrits dans votre circonscription, le reporter dans le tableau.*
2- *Rechercher le nombre de votants par nuance de candidat, le reporter dans le tableau.*
3- *Calculer le nombre total des votants, le reporter dans le tableau.*
4- *Calculer le nombre de Non-votants (4) en faisant Nombre Inscrits (1) moins Total des votants (3) = 1 - 3.*
5- *Calculer le % de votants par nuances de candidat par rapport au nombre total d'inscrits*
6- *Calculer le % des non-votants par rapport au nombre total d'inscrits*
7- *Analyser la représentativité de chaque nuance de candidat pour votre circonscription.*

1-Nombre Inscrits		
Nuances de Candidats	**2-Nombre Votants**	**5 = % 1/2**
Divers extrême gauche		
Nouvelle union populaire écologique et sociale		
Divers gauche		
Divers		
Régionaliste		
Ensemble ! (Majorité présidentielle)		
Divers centre		
Union des Démocrates et des Indépendants		
Les Républicains		
Divers droite		
Droite souverainiste		
Rassemblement National		
3 - TOTAL DE VOTANTS		
4 - Non-Votants = Nombre Inscrits - Total votants = 1 - 3		

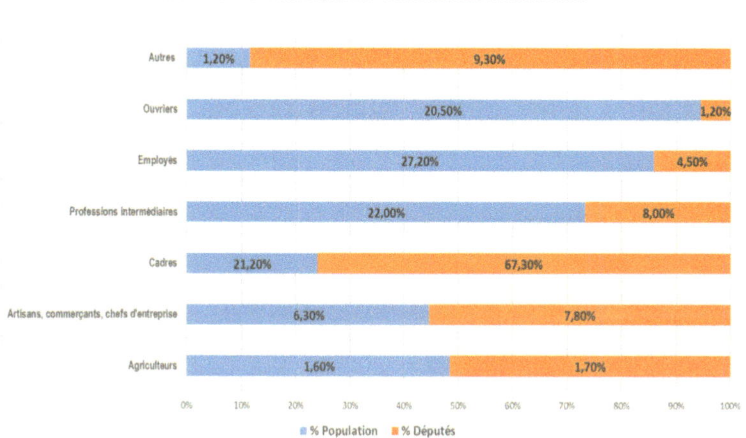

<u>Grille de lecture :</u>

- 20,50 % des Ouvriers sont représentés par 1,2 % des députés.
- 27,2 % des Employés sont représentés par 4,5 % des députés.
- 22 % des Professions intermédiaires sont représentées par 8 % des députés.
- 21,2 % des Cadres sont représentées par 67,3 % des députés.
- 6,3 % des Artisans, commerçants et chefs d'entreprises sont représentés par 7,8 % des députés.
- 1,7 % des Agriculteurs sont représentés par 1,7 % des députés.

− 1,2 % des Professions Autres sont représentées par 9,3 % des députés.

Comment concevoir que les députés qui ne représentent pas les classes populaires soient légitimes pour s'opposer au projet de Réforme des retraites, ainsi qu'aux autres projets de loi relatifs à des orientations sociales ?
<u>Auto-analyse des élections dans votre circonscription :</u>

<u>*Pour comprendre la représentativité de votre député élu dans votre circonscription, vous pouvez utiliser le tableau ci-dessous :*</u>

<u>*Méthode :*</u>

1- *Rechercher la catégorie socioprofessionnelle de votre député élu, à partir du lien, ci-dessous.*
2- *Reporter dans le tableau sa catégorie socioprofessionnelle dans la ligne correspondante.*
3- *Analyser la représentativité socioprofessionnelle de votre député élu, à la représentativité nationale.*

<u>Liste des députés par catégorie socioprofessionnelle</u>[13]

Représentativité des Députés selon les catégories socioprofessionnelles – 2022			
Catégories socioprofessionnelles	**% Population**	**% Députés**	**Votre député**
Agriculteurs	1,60%	1,70%	
Artisans, commerçants, chefs d'entreprises	6,30%	7,80%	
Cadres	21,20%	67,30%	
Professions intermédiaires	22,00%	8,00%	
Employés	27,20%	4,50%	
Ouvriers	20,50%	1,20%	
Autres	1,20%	9,30%	

---

[13] - *https ://www2.assemblee-nationale.fr/deputes/liste/cat-sociopro*

4.11. Graphique 10 : Représentativité des sénateurs selon les catégories socioprofessionnelles - 2022

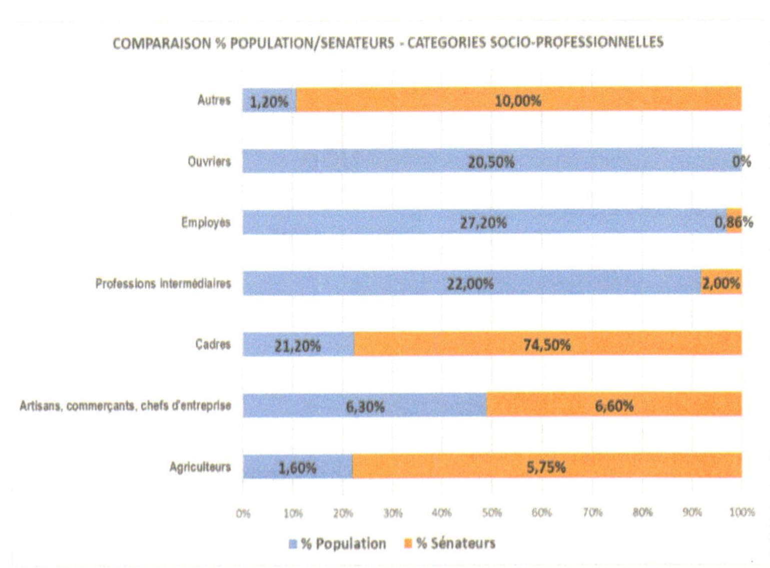

Grille de lecture :

- 20,50 % des Ouvriers sont représentés par 0 % des sénateurs.
- 27,2 % des Employés sont représentés par 0,86 % des sénateurs.
- 22 % des Professions intermédiaires sont représentées par 2 % des sénateurs.
- 21,2 % des Cadres sont représentées par 74,5 % des sénateurs.
- 6,3 % des Artisans, commerçants et chefs d'entreprises sont représentés par 6,6 % des sénateurs.

- 1,6 % des Agriculteurs sont représentés par 5,75 % des sénateurs.
- 1,2 % des Professions Autres sont représentées par 10 % des sénateurs.

Comment concevoir que les sénateurs, qui ne représentent pas les classes populaires soient légitimes pour s'opposer au projet de Réforme des retraites, ainsi qu'aux autres projets de loi relatifs à des orientations sociales ?

<u>Auto-analyse des élections dans votre département :</u>

<u>Pour comprendre la représentativité de votre sénateur élu de votre département, vous pouvez utiliser le tableau ci-dessous :</u>

<u>Méthode :</u>

1- *Rechercher la catégorie socioprofessionnelle de votre sénateur élu, à partir du lien, ci-dessous.*
2- *Reporter dans le tableau sa catégorie socioprofessionnelle dans la ligne correspondante.*
3- *Analyser la représentativité socioprofessionnelle de votre sénateur, à la représentativité nationale.*

<u>Liste des sénateurs par catégories socioprofessionnelles</u>[14]

<u>Représentativité des Sénateurs selon les catégories socioprofessionnelles - 2022</u>			
<u>Catégories socioprofessionnelles</u>	**<u>% Population</u>**	**<u>% Sénateurs</u>**	**<u>Votre sénateur</u>**
Agriculteurs	1,60%	5,75%	
Artisans, commerçants, chefs d'entreprises	6,30%	6,60%	
Cadres	21,20%	74,50%	
Professions intermédiaires	22,00%	2,00%	
Employés	27,20%	0,86%	
Ouvriers	20,50%	0%	
Autres	1,20%	10,00%	
Total	100,0%	99,71%	

---

[14] *https ://www.senat.fr/senateurs/catpro.html*

 <u>Graphique 11 : Représentation des classes populaires (Employés + Ouvriers), à l'Assemblée nationale</u>

<u>Grille de lecture :</u>

- 23 % des députés LFI représentent les classes populaires (Employés +Ouvriers) à l'Assemblée nationale.
- 16 % des députés FN représentent les classes populaires (Employés +Ouvriers) à l'Assemblée nationale.
- 2 % des députés Renaissance représentent les classes populaires (Employés +Ouvriers) à l'Assemblée nationale.
- 2 % des députés LR représentent les classes populaires (Employés +Ouvriers) à l'Assemblée nationale.

Comment concevoir que les députés qui représentent les classes populaires (Employés et ouvriers) aient la capacité de s'opposer au projet de Réforme des retraites, ou de faire voter d'autres projets de loi relatifs à des orientations sociales ?

<u>Auto-analyse des élections dans votre circonscription :</u>

<u>Pour comprendre la représentativité de votre député élu dans votre circonscription, vous pouvez utiliser le tableau ci-dessous :</u>

<u>Méthode :</u>

1- *Rechercher le parti politique de votre député élu.*
2- *Reporter dans le tableau son parti politique dans la ligne correspondante.*
3- *Analyser la représentativité politique de votre député élu, à la représentation des classes populaires.*

Représentation des classes populaires (Employés +Ouvriers), à l'Assemblée nationale		
PARTIS POLITIQUES A L'ASSEMBLEE	% Employés + Ouvriers	Votre Député
LFI	23%	
RN	16%	
RENAISSANCE	2%	
LR	2%	
ENSEMBLE DES Français	45%	

5. LES « *ILLUSIONNISTES* » DE LA COMMUNICATION MÉDIATIQUE

Robert Elmer Horton (18 mai, 1875-1822 avril, 1945) était un Américain, ingénieur et scientifique du sol, considéré par beaucoup comme le père de l'hydrologie moderne.

En 1945, un mois seulement avant sa mort, il publia sa théorie dans le « *Bulletin of the Geological Society of America[15]* ». Il y avait quatre lois dans sa conclusion : la loi du nombre de cours d'eau, la loi des longueurs des cours d'eau, les limites de la capacité d'infiltration et la relation ruissellement-détention-stockage. Ainsi, ses résultats ont montré que le facteur saillant de l'érosion aqueuse des sols est la longueur minimale d'écoulement de surface nécessaire pour produire suffisamment de ruissellement pour affecter l'érosion. Ce travail final a été le premier ensemble complet de modèles mathématiques pour relier l'hydrologie du bassin aux sédiments. Ainsi, Horton peut être considéré comme le fondateur de la modélisation moderne de la chimie des courants.

Par analogie, l'on peut théoriser une approche analogue au fonctionnement du système médiatique et pour en imaginer une conception basée sur des hypothèses et désignée comme « *Le ruissellement discursif* ».

---

[15] - *(FR) R. E. Horton - Le développement érosive des cours d'eau et leurs bassins versants, l'approche quantitative hydrophysique à morphoplogy, vol. 52 Bulletin de la Geological Society of America, 1945, pp. 275-370.*

5.1.   <u>Naissance du ruissellement médiatique</u>

L'on peut représenter le ruissellement médiatique comme une avalanche d'informations, un déluge de communiqués, une douche d'annonces, un flot de journaux, une multitude de messages, une quantité de divulgation, une prolifération d'actualités, une grêle de bulletins, des mensonges corrigés ultérieurement, des faits divers surexposés, une inondation de déclarations ou un débordement de questions, toutes ces définitions contribuent à la formation du ruissellement médiatique.

Apparait ainsi ce que le philosophe italien Antonio Gramsci, définissait comme une hégémonie, une hégémonie médiatique, organisée par les gouvernants avec à leurs soldes la plupart des entreprises audiovisuelles et journalistiques.

Selon la définition célèbre que Gramsci, dans ses livres, « *Cahiers de prison[16]* » en a donnée, l'hégémonie est une forme de domination fondée sur « *la combinaison de la force et du consentement qui s'équilibrent de façon variable, sans que la force l'emporte par trop sur le consentement, voire en cherchant à obtenir que la force apparaisse appuyée sur le consentement de la majorité* ».

Si le pouvoir politique tient, ce n'est pas uniquement par la main d'un pouvoir autoritaire par lequel il domine les citoyens, mais essentiellement grâce à son emprise sur les représentations culturelles et médiatiques de la masse des individus. Cette hégémonie médiatique amenant même les dominés à

---

[16] *- Antonio Gramsci - Cahiers de prison, 1948.*

adopter la vision du monde des dominants et à l'accepter comme allant de soi.

Cette domination se constitue et se maintient à travers la diffusion de valeurs au sein de l'École, des Universités, de l'Église, des partis politiques, des organisations syndicales, des institutions scientifiques, universitaire, artistique, des moyens de communication de masse. Autant de foyers culturels propageant des représentations qui conquièrent peu à peu les esprits et permettent d'obtenir le consentement du plus grand nombre.

Pour renverser cette tendance, toute résistance au pouvoir doit d'abord passer par un long travail idéologique, une lente préparation du terrain au sein de la société populaire. Il faut, peu à peu, subvertir les esprits, installer les valeurs que l'on défend dans le domaine de l'intérêt public afin de s'assurer d'une contre hégémonie médiatique avant et dans le but de résister au pouvoir.

Gramsci vise, à travers l'hégémonie, la domination que la technostructure exerce sur les classes salariales, non par le pouvoir direct, mais dans la vie quotidienne, par son emprise sur les façons de penser, de parler, de voir, d'écouter, de sentir, de la part des classes populaires, les éloignant ainsi de toute entreprise ou même tentative de désobéissance.

Par conséquent, Gramsci ne cesse de chercher à promouvoir ce que serait un nouvel art populaire ou plutôt une nouvelle culture populaire, qui ne serait pas issue de la société ultralibérale, et qui œuvrerait à contrer cette hégémonie en transformant culturellement les classes populaires.

Selon la perspective gramscienne, l'espace public et médiatique produit du consentement, par diffusion des discours qui construisent le sens commun du moment et présentent l'ordre existant comme naturel et juste.

Jurgen Habermas, dans sa thèse sur « *L'espace public* [17] », désigne celui-ci comme un espace dans les sociétés modernes où la participation politique passe par le langage. C'est l'espace où les citoyens débattent de leurs affaires communes, dans lequel ils représentent une arène distincte de l'Etat et critique envers celui-ci.

L'espace public peut se comprendre comme un ensemble de « *personnes privées* », rassemblées pour débattre de sujets « *d'intérêt public* ». La discussion se doit d'être ouverte et accessible à tous, les intérêts exclusivement privés ne sont pas admis, les inégalités de statut social commandent leur mise entre parenthèses et les participants débattent d'égal à égal.

Finalement, l'espace public ultralibéral devient le véhicule institutionnel d'une transformation historique essentielle portant sur la nature de la domination, passant d'une forme répressive à une forme hégémonique, d'un pouvoir basé sur l'assentiment à un pouvoir construit sur le consentement, assorti de sanction.

L'espace public dans sa forme mature comprend suffisamment de participation et de représentation d'intérêts et de perspectives multiples pour permettre

---

[17] - *Jurgen Habermas - L'espace public (Broché), 22 septembre 1988.*

à la majorité de se reconnaître la plupart du temps dans son discours.

Les personnes qui sont finalement lésées par la construction sociale du consentement arrivent néanmoins à trouver dans les discours de l'espace public des représentations suffisamment proche de leurs intérêts, de leurs aspirations, de leurs problèmes et de leurs angoisses pour qu'elles correspondent à leurs propres représentations, sentiments et identités.

Leur adhésion à une règle contre hégémonique est assurée lorsque leurs perspectives, construites culturellement, sont absorbées et articulées avec d'autres perspectives dans des projets socio-politiques alternatifs.

Selon la Théorie de Horton (1945), appliquée aux conditions de l'hégémonie médiatique, le ruissellement discursif naît lorsque l'intensité des averses médiatiques est supérieure à la capacité d'absorption des populations.

5.2. Théorie du ruissellement discursif

A. Si intensité médiatique > Infiltration

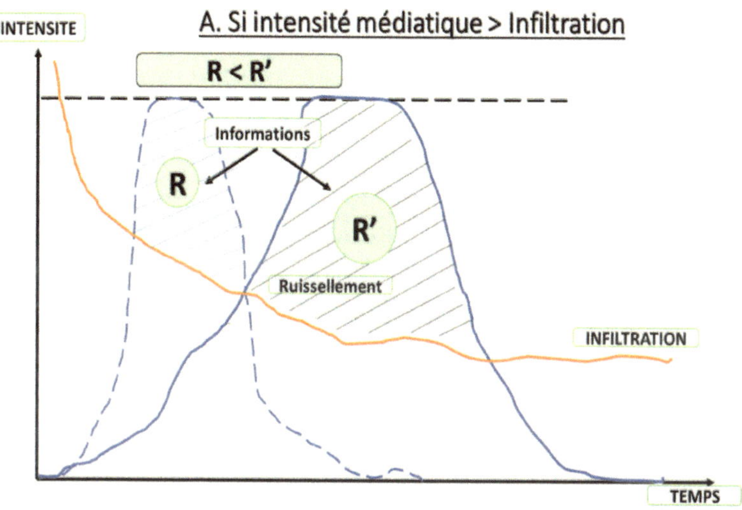

Si on compare l'infiltration de l'information à l'intensité des flots de médias, on constate que l'intensité d'infiltration décroît au cours du temps, d'une part parce que le potentiel d'absorption des citoyens diminue à mesure que le front d'infiltration pénètre à l'intérieur des populations et d'autre part, par la résistance des individus face au pouvoir de l'information. L'intensité du déluge informatif passe généralement par plusieurs maximums, sous forme de pilonnage selon les événements économiques, sociaux, sanitaires et ou politiques, première manifestation, puis seconde manifestation, puis troisième, puis quatrième…

Le volume médiatique situé au-dessus de la courbe d'assimilation peut être considéré comme le ruissellement discursif. On constate dans l'exemple choisi, pour une séquence d'intensité voisine que le volume du ruissellement peut varier considérablement en fonction de la période où apparaît le maximum d'intensité lors des averses médiatiques. Plus tard, apparaîtra ce maximum, plus important sera le ruissellement puisque la capacité d'acquisition diminue au cours du temps.

La Théorie de la saturation du milieu montre que le ruissellement discursif surgit lorsque la situation des individus se trouve saturée d'informations.

B. Si réceptivité des citoyens saturée

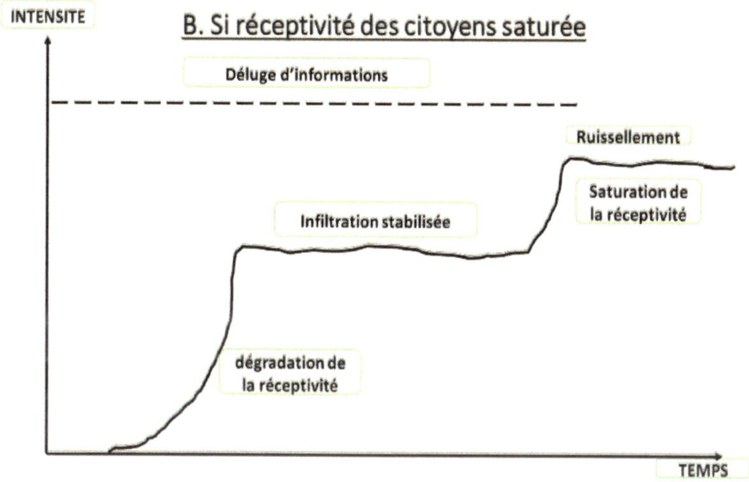

Abreuvé d'informations toutes les plus sinistres que les autres, les populations se désintéressent de plus en plus des médias sociopolitiques censés contribués à une réflexion critique, pour s'imprégner de « *mass media* » comme les réseaux sociaux et les chaînes en continu de bavardages inconsistants, frivoles, rassurants ou au contraire destinées à faire peur aux populations, ou complotistes. Parmi la quantité d'informations observées, la part consacrée aux composantes médiatique sociales caractérise la forme d'hégémonie culturelle relative à cette activité, qui occupe l'espace médiatique depuis le mois de janvier 2023.

Avec la pluie d'informations médiatiques liées à la crise ukrainienne qui persévère, on peut observer une nouvelle croissance du ruissellement, face à un horizon d'adoption stabilisée, qui traduit une saturation informative des populations. On peut constater que l'intensité de ruissellement correspond exactement à la quantité d'information produite. Lorsqu'un milieu est totalement saturé, tout bavardage informatif précipité sur une foule d'individus, ruisselle, quelle que soit l'intensité des averses médiatiques.

5.3. Quels sont les facteurs qui font varier le volume du ruissellement discursif ?

La hauteur des averses médiatiques, constituée par l'importance des informations, contribue à la formation du ruissellement médiatique. Face à l'accumulation de nouvelles menaçantes, qui provoquent un engorgement, la capacité d'infiltration médiatique se trouve réduite malgré l'intensité des campagnes de communications.
Il existe des intensités limites de médiatisation en dessous desquelles le milieu réceptif des informations ne peut ruisseler. La capacité d'infiltration des nouvelles augmente si l'intensité des averses médiatiques augmente dans le cas d'une population susceptible de percevoir la pertinence des annonces, par leur disposition à faire face à des événements singuliers. En revanche, si les individus constituent un assemblage de citoyens plus homogène, saturé par la permanence d'annonces répétitives, l'augmentation de l'intensité des flots d'informations ne joue pas sur la percolation médiatique.
Le volume des informations communiquées représente un autre facteur du ruissellement discursif. Ce paramètre s'exprime, soit par le déficit de

saturation des populations avant les annonces, ou « *être en manque* » d'informations, et constitue des citoyens en situation de réceptivité, soit par la durée qui s'est écoulée entre les différentes nouvelles. Les avalanches médiatiques s'imprègnent de manière nettement supérieure sur des populations en situation de manque ou d'absence d'annonces que face à une saturation journalistique. Il s'agit de prendre en compte les interactions entre le volume des communiqués et l'état de réceptivité des populations. La brutalité des annonces successives relative à la réforme des retraites électrise les populations, portée par la communication médiatique, qui s'appuie sur des sentiments anxiogènes.

La multiplication des averses médiatiques fonde la fréquence des messages adressés aux citoyens qui viennent saturer l'espace communicationnel et créent un emballement informationnel. À chaque instant, sur les écrans des chaînes d'info en continu, sur les réseaux sociaux, s'affichent les performances des différentes manifestions et des débats à l'Assemblée ou au Sénat, tout cela forge une fréquence d'annonces plus angoissantes les unes que les autres.

À cette cacophonie des experts, s'est aussi ajoutée celle des membres du Gouvernement qui se contredisent sur les différentes propositions annoncées, lors des plateaux de télévision.

Les influenceurs médiatiques, comme facteur d'intermédiation, permettent de profiter de leur popularité pour aborder des sujets en particulier, celui de la réforme des retraites.

Le pouvoir politique a bien saisi l'enjeu et gère lui-même ses comptes sur les différents réseaux sociaux. Il s'agit de se montrer face à des publics hétérogènes et de construire une mise en scène des actions politiques. Le pouvoir politique organise une manipulation médiatique pour tenter de capter une catégorie de public qui serait séduit par son projet de loi et diviser ainsi les citoyens.

Sans filtre, sans réelle contradiction, passer par les réseaux sociaux, assure à la classe politique une manière de s'exprimer sans écran, sans désaccord et sans adversité pour leur ménager des espaces médiatiques à leur service, de dévoiler leur programme, en faisant l'économie des intermédiaires. Cette volonté de se passer d'intercesseur permet au pouvoir politique de poser son propre décor et de commenter, de vanter et de célébrer sa propre action, afin d'éluder le travail plus distancié de la critique, de se soustraire aux clarifications polémiques que pourraient effectuer les commentateurs et les pamphlétaires. Apparait ainsi le court-circuitage du système médiatique en s'appuyant sur des influenceurs n'ayant pas l'érudition suffisante pour dialoguer et s'opposer au système politique.

Il s'agit de déconstruire ces opérations médiatiques avec les influenceurs qui sont amenées à se répéter, sur tous les sujets. Même s'il parait impossible pour la classe gouvernante d'ignorer l'audience colossale des influenceurs auprès du grand public, il est de notre engagement de citoyen responsable de se soustraire à ces actions de propagande et de dénoncer ces pratiques dont les objectifs sont clairement électoralistes. Il s'agit de considérer cette forme de communication, comme complémentaire des autres supports médiatiques et de valoriser les médias neutres, indépendants et critiques.

La capacité d'absorption de la population vis-à-vis de la réforme des retraites montre que les Français portent un jugement sévère sur le travail des journalistes. Et que par ailleurs, ils sont en demande d'informations fiables, pratiques, et certaines.

Le temps du questionnement des institutions du savoir et des médias est venu. Nous vivons dans un climat de défiance grandissant vis-à-vis du pouvoir politique, de ses gouvernants, des communicants et des journalistes. La capacité d'absorption médiatique de la part des citoyens affiche ses limites et augment leur indifférence vis-à-vis des élus et des systèmes politiques.

Face au ruissellement discursif, les résistances des citoyens caractérisent les résolutions à déployer pour répondre à toutes les formes de propagande de la part du pouvoir politique, soutenu par les médias et ses communicants.

Nous devons concevoir que, face à une telle crise institutionnelle et sociale, le pouvoir politique, par sa propagande, redouble d'efforts pour renforcer l'orientation de l'opinion publique, déployant ses actions médiatiques sur les réseaux sociaux, puis sur les médias traditionnels, secondés par ses experts en communication. Des experts et des journalistes avec pour mission de raconter des histoires émouvantes, de montrer l'unité des populations, d'orchestrer la solidarité nationale et, en même temps, dénoncer les quelques paroles libres, sous le couvert de complotisme.

Il s'agit de produire une résistance inventive pour contourner la désinformation, le battage médiatique et les injonctions du pouvoir politique.

Le chiffrement des messages peut être une forme de résistance pour ralentir et brouiller les actions de prosélytisme, en imaginant des vocabulaires codés. Ces techniques permettent de soutenir le travail des journalistes indépendants, victimes du pouvoir de leur rédaction et du matraquage des chaînes de télévision en continu.

Dans un pays familier avec des modifications permanentes des faits, un archivage organisé des reportages, l'urgence de préserver les chroniques communes et successives devient essentielle. Nous pouvons imaginer la création de groupes d'archivistes qui se constituent dans l'espace numérique et médiatique. Il s'agit pour ces opérateurs de récupérer les articles, les reportages et les contenus sur les réseaux sociaux et sur les médias traditionnels, avant qu'ils ne soient supprimés, ou tout simplement dissimulés sous le tabassage médiatique en continu.

Par leur maintien en visibilité, ils contribuent à la confrontation des discours, des messages et des décisions avec la réalité concrète et leurs impacts sur la vie des citoyens.

Par la pratique d'un journalisme citoyen, on assiste également à leur multiplication, qui prend la responsabilité de révéler au grand jour certaines vérités sur les contraintes sociales subies. Ces auto-journalistes concourent à des reportages, à des analyses, à des critiques, sans propager des rumeurs ou dissimuler la vérité.

En haut du pouvoir, rien ne l'atteint, ni entend, ni écoute et surtout plus il ne produit aucune forme de réponse, sauf à ne répéter qu'il ne changera rien au projet de loi. Sauf à n'ânonner rien de tangible, substantiel, sinon un amalgame de contradictions, et de démentis sous forme de contrevérité comme : *« La réforme est juste »*, *« Nous sommes à l'écoute »*, *« Nous entendons les inquiétudes »*, *« Nous sommes attentifs à l'emploi des seniors »*, *« une réforme de justice sociale »*, *« Les femmes sont un peu pénalisées »*, *« Le système de financement des retraites serait en déficit »*, *« Reculer l'âge de départ augmenterait le taux d'emploi des seniors »*, *« Cette réforme serait plus juste pour les petites retraites »*, *« Il faudrait décaler l'âge de départ, car on vit plus longtemps »*, *« Il y a urgence à réformer »*.

Un gouvernement de bonimenteur, qui comprend pourquoi il doit affabuler. Pénétrée de leurs certitudes, notre responsabilité ne peut s'abaisser devant tant de mots, sans signification, sans acceptation, sans valeur et sans éthique sociale.

Nous sommes confrontés à des gouvernants illégitimes qui transforment le sens des mots, qui produisent une *« novlangue[18] »* selon George Orwell, avec pour finalité de sectionner la pensée, pour fabriquer un langage du contrôle de celle-ci, abolissant les conditions de possibilité de toute négociation.

Cette nouvelle forme de communication, assimilable à la *« novlangue »* de G Orwell, est une forme

---

[18] - *George Orwell – 1984, 1949.*

langagière qui provient du discours du management dans les organisations privées, mais aussi publiques, qui vise la conduite des individus dans les actions collectives. On en trouve de bons exemples dans la communication institutionnelle et politique, autrement dit la communication des organisations qui vise à promouvoir leur image en interne pour les salariés, les actionnaires, et en externe pour les clients, les fournisseurs, les futurs salariés, ou encore dans le discours des dirigeants et des managers.

« *Ne voyez-vous pas que le véritable but du Novlangue est de restreindre les limites de la pensée* »[19], écrit G. Orwell dans « 1984 ».

Décoder les messages de la « *novlangue* », comme :
- Des mots trompeurs, qui ont changé de sens et qui signifient souvent le contraire de ce qu'ils exprimaient auparavant ;
- Des mots subliminaux, qui sont utilisés pour produire certains effets de répulsion ou d'approbation chez le récepteur ;
- Des mots marqueurs, qui expriment l'idéologie dominante ;
- Des mots tabous, que l'idéologie dominante s'efforce de supprimer ;
- Des mots sidérants, qui visent à disqualifier les adversaires du Système.

Depuis les années 2000, le discours managérial et politique promeut une vision économique et entrepreneuriale de l'humain au travail, à la fois « *ressource humaine* » et « *entrepreneur de soi* ». C'est l'intériorisation du discours managérial par les

---

[19] - *George Orwell – 1984, 1949.*

sujets qui le transforme en « *novlangue* », au sens d'Orwell dans son roman « *1984*[20] ». Elle a pour principal effet de susciter la confusion et d'empêcher de penser.

Par exemple, en entreprise et dans le discours politique, il est demandé aux salariés et aux citoyens d'être « *responsables* ».

Mais s'agit-il d'être responsable au sens d'une responsabilité éthique à l'égard de clients ou d'usagers ? Ou bien s'agit-il d'être responsable au sens de préserver l'image de l'entreprise ? Que faire si les deux sont incompatibles ?

Et l'injonction à être « *responsable* » peut amener les salariés à interpréter les difficultés auxquelles ils sont confrontés comme des échecs personnels qu'ils portent en responsabilité, alors même que ces difficultés peuvent être liées à des éléments sur lesquels ils n'ont pas de prise. Les expressions utilisées par le discours managérial dessinent une grille de lecture qui empêche la contradiction et écrase la conflictualité. Comment s'opposer à des appels aux valeurs telles que le « *respect* » ou la « *liberté* » qui parsèment les discours des organisations et que martèlent aussi les managers et les hommes politiques ? Ce sont des mots que personne ne peut rejeter.

Dans les discours managériaux et politiques, l'entreprise et l'Etat sont mis au premier rang dans les priorités. Et cela est contenu dans la façon même de l'exprimer, avec notamment la formule suivante, « *besoins des entreprises, besoins de l'état*

---

[20] - *George Orwell – 1984, 1949.*

et attentes des salariés », qui définit les objectifs à atteindre. Le besoin, qui peut être vital, paraît urgent à combler, alors que l'attente peut se vivre sans être immédiatement satisfaite.

Le sens des priorités est inversé !

Gardons-nous aussi de la « *novlangue* » managériale et politique, symbole s'il en est de l'homme hyper moderne ! Il faut repenser les raisonnements et mettre les mots justes, comme par exemple, un « *plan de sauvegarde de l'emploi* » qui est en réalité un plan de licenciement, « *l'optimisation fiscale* », nouvelle version de l'évasion fiscale, et puis surtout les messages portés comme le « *non* » message que contient un terme tel que « *l'austérité prospère* » ou encore « *leader des produits pour la gestion démocratique des foules* » !

6.   LES « *ILLUSIONNISTES* » DE L'INFORMATION

À la manière dont Pierre Bourdieu, dans son livre « *Sur la télévision[21]* », ausculte les mécanismes de l'information qui s'exerce lors de leur diffusion sur la télévision ou dans les médias, je souhaite livrer quelques réflexions sur les images et les discours produits par les gouvernants, en particulier durant cette période de crise sociale.

Le monde médiatique transforme profondément le fonctionnement des univers aussi différents que ceux de la politique, de la philosophie ou de la sociologie, y compris la justice sociale. En introduisant la logique de l'Audimat, par une soumission démagogique aux exigences du plébiscite commercial, les supports médiatiques, télévision, journaux et réseaux sociaux, exercent une emprise sur l'ensemble des domaines de la société, transformant leur mode de fonctionnement par les manipulations, les injonctions à une pensée unique et la pression commerciale.

Pierre Bourdieu souligne l'importance d'utiliser les instruments de diffusion de l'information par les différents médias et le journalisme pour contribuer à une redistribution démocratique de l'accès au mode d'expression et des acquisitions de connaissances au plus grand nombre, en échappant à la logique commerciale.

Tous les mécanismes visibles ou invisibles qui interviennent dans le fonctionnement de l'information et du journalisme, soumettent ces domaines de façon

---

[21] - *Pierre Bourdieu - Sur la télévision (Broché), 1 janvier 1996.*

pernicieuse à la loi du marché. Progressivement, les multiples processus d'influence des médias et du journalisme pénètrent dans de nombreux univers tels la politique, l'économie, le social, la science et la justice où ils produisent des effets néfastes, par la place prépondérante de la loi du marché, l'usurpation du pouvoir médiatique et les injonctions des soi-disant « *experts en tout* ».

On peut ajouter aussi les censures économiques. En dernier ressort, la logique économique des propriétaires de chaîne et des journaux déterminent les orientations médiatiques, par les enjeux économiques que représentent les annonceurs qui payent la publicité et l'État qui versent des subventions. Il s'agit là d'indices tellement grossiers que la critique la plus élémentaire les perçoit.

Utilisant le concept de « *violence symbolique* », analysé par Pierre Bourdieu, je peux expliquer comment cette violence symbolique est bien une violence médiatique. Ce sont des coups qui s'exercent, avec en quelque sorte la complicité tacite de ceux qui la subissent et de ceux qui l'exercent, dans la mesure où les uns et les autres sont inconscients de subir cette violence. Le rôle de la sociologie, comme toutes les sciences, dévoile des choses cachées, inconscientes, et ce faisant, elle peut contribuer à mettre en évidence la violence symbolique qui s'exerce dans les rapports sociaux et en particulier dans les rapports de communication médiatique.

Je veux mettre le doigt sur une série de mécanismes qui font que la télévision cache tout en montrant. Et en un sens, plus elle montre, plus elle cache, plus elle dévoile, plus elle voile.

Prenons l'exemple des faits divers. On pourrait dire, que les faits divers, ce sont aussi des faits qui font diversion ! La diversion, c'est le temps. Les médias télévisuels emploient des minutes précieuses pour dire des choses si futiles !

En fait, ces détails si futiles, deviennent très importants dans la mesure où ils cachent les sujets sérieux et essentiels. Comme aujourd'hui, une proportion très importante de la population ne lit plus aucun quotidien, les citoyens sont de fait, voués corps et âme aux supports médias, comme la télévision et les réseaux sociaux.

Il suffit de rappeler la séquence relative au fait divers occasionné par un célèbre humoriste, les programmes bouleversés par les événements sportifs, pour comprendre l'importance du temps accordé à ces sujets, pour remplir du temps rare avec du rien, avec du vide, et en écarter les informations pertinentes que devrait posséder tous les citoyens afin d'exercer leurs droits démocratiques face à la communication médiatique.

Ces diverses banalités peuvent paradoxalement cacher les sujets responsables et critiques, tout en les montrant, mais en montrant évidemment autre chose que ce qu'il faudrait montrer, mais en les montrant de telle manière qu'on ne les montre pas, en montrant qu'on les décompose ou on les déconstruit, pour les rendre insignifiants, ou au contraire, on les construit de telle manière qu'ils prennent un sens qui ne correspond pas du tout à la réalité.

Il convient de voir comment les journalistes, sous leurs différentes contraintes, sélectionnent dans la réalité sociale, les sujets mis en avant, avec des lunettes, mais d'un type très particulier, à savoir des lunettes qui structurent une certaine orientation recherchée, comme principe de sélection, que sont le sensationnel et le spectaculaire, produisant ainsi « *La société du spectacle*[22] » chère à Guy Debord.

On est dans une logique du spectacle, donc, on filme, et il est donc normal que l'on filme des choses spectaculaires. La télévision appelle en quelque sorte du spectaculaire, du sensationnel. Elle appelle à la dramatisation, elle appelle à la vision dramatique.

Donc, ce qui intéressera, ce seront les émeutes, les violences, les échauffourées. Les manifestations dans le calme, avec des justifications sociales argumentées, qui concernent une majorité de citoyens n'appellent pas le spectaculaire. Donc les journalistes, les reporters s'intéressent à l'exceptionnel, à l'extraordinaire, à « *l'extra-ordinaire* », à tout ce qui rompt avec la routine ordinaire et la banalité. L'image a cette force exceptionnelle qu'elle peut produire ce que l'on peut désigner comme un effet de réel, elle peut faire croire, elle peut faire voir et faire croire ce qu'elle fait voir. Cette forme de puissance d'évocation a des effets de mobilisation pour faire exister des idées, des représentations et des groupes sociaux.

Nous sommes entrés dans un univers où le monde social est décrit, prescrit par les médias, qui parviennent en quelque sorte à être les arbitres de l'accès à l'existence sociale.

---

[22] - *Guy Debord - La Société du Spectacle (Poche), 1967.*

Aujourd'hui, se pose alors un des choix qui devient - faut-il manifester pour les médias ou manifester pour les droits sociaux ?

Nous voyons bien qu'il faut, de plus en plus, produire des manifestations pour la télévision, des manifestations qui intéressent les gens des médias. Et pour les médias et les gouvernants, seul le spectaculaire produira suffisamment d'effet pour être pris en considération.

Face à de nombreuses journées de manifestations, pacifiques et responsables, les représentants politiques n'ont que peu de considération, allant jusqu'à prédire la fin de celles-ci par épuisement, par renoncement, par appauvrissement lié à l'inflation, évoquées de manière répugnante par les responsables politique qui oublie au passage que ce sont les premiers responsables de cette inflation qui touchent toutes les classes populaires, traduisant ici, le mépris des classes dirigeantes pour les populations des classes modestes.

Avoir une information objective, autonome, critique, sans intérêts particuliers ou sans contraintes de la part d'annonceurs, revient à ne s'informer que par quelques journaux alternatifs, garants d'une intégrité totale comme Le Canard Enchaîné, Le Monde Diplomatique, Fakir et quelques petites revues d'avant-garde en ligne, animés par des responsables généreux et insouciants.

L'Audimat accable et introduit la logique du commerce sur les médias, il exerce un effet tout à fait particulier, qui se traduit par la pression de l'urgence, la concurrence entre les journaux, la concurrence entre les journaux et la télévision.

Les médias donnent la parole à des penseurs qui sont censés « *penser à vitesse accélérée* », à penser là où plus personne ne pense, qui ont réponse à tout et pensent par idée reçue, avec des préjugés, par prénotion. La multitude d'experts sur les plateaux, tous en capacité de débattre dans de faux débats nous inondent de leurs théories imaginaires, reprenant sans cesse les mêmes arguments utilisés par les représentants et les communicants politiques.

Tous les experts sont médiatico-étatiques, et ne sont reconnus experts que par la société du spectacle. Tout expert sert son maître, car chacune des anciennes possibilités d'indépendance a été à peu près réduite à rien par les conditions d'organisation des vrais-faux débats. L'expert qui sert le mieux, c'est, bien sûr, l'expert qui flatte et mystifie. Les raisons d'être des experts, sont, pour des motifs différents, les falsificateurs et les ignorants. Pour promouvoir ses illusions, le pouvoir recherche des imposteurs. Là où le citoyen ne comprend plus rien par lui-même, il sera formellement rassuré par l'expert. Et les experts sont toujours compétents, dans les vrais-faux débats, il n'y pas de débats puisque tous sont d'accord.

Il suffit de vérifier l'organisation des soi-disant débats. Les organisateurs invitent toujours les mêmes « *experts* », toujours d'accord entre eux et avec l'idéologie dominante du pouvoir. Pour justifier des débats, on fait appel selon les thématiques à quelques représentants syndicaux. Sur ce type de plateau, les « *experts* » sont entre eux, avec le présentateur homme ou femme, et en face un opposant. Celui-ci se retrouve seul, face à l'ensemble des « *sachant* », qui défendent leur popularité et les arguments des gouvernants, avec pour seule arme, sa profonde connaissance des réalités sociales. Un déséquilibre apparaît rapidement entre les positions défendues par les « *experts* » et celle d'un opposant, qui se voit déconsidéré, interpellé, méprisé, et enfermé dans ses démonstrations. Alors qu'ils sont loin des contraintes sociales quotidiennes, tous ces « *experts* », présentateurs et journalistes détiennent leur vérité qu'ils assènent dans leurs médias pour manipuler les réflexions des classes populaires et les mésestimer.

Dans les vrais-faux débats, autour d'un univers clos, composés d'inter connaissance, d'intercommunication se constituent une logique d'auto-renforcement permanent. Des « *experts* » qui se voient entre eux, qui se confirment, qui s'opposent, mais de manière tellement convenue. Si l'on peut considérer que le positionnement social produit une pensée nécessairement au service d'une classe donnée, il ne paraît pas illégitime de penser que l'origine sociale influe sur la production culturelle. La dénonciation, que Paul Nizan établit dans son livre « *Les chiens de garde*[23] » sur les collusions entre la bourgeoisie et les classes dominantes renvoie aujourd'hui à des pratiques de connivence, à ceci près que les élites d'hier ont cédé le pas aux vedettes journalistiques et aux experts médiatiques.

Et Platon, dans « *Livre I des Lois de Platon*[24] » énonçait que nous étions les marionnettes de la divinité. Dans cet univers médiatique, tous les acteurs

---

[23] - *Paul Nizan - Les chiens de garde, 1932.*
[24] - *Platon - Livre I des Lois de Platon, 348 av. J-C.*

médiatiques concernés, tout en ayant toutes les apparences de l'importance de la liberté, de l'autonomie, tout en étant entouré d'une aura extraordinaire, avec des supports de communication chantant leurs louanges, ne sont que très peu de choses, à la façon des marionnettes, d'une nécessité qu'il faut décrire, d'une structure dont il faut décrire les mécanismes.

« Le gouvernement du spectacle, qui à présent détient tous les moyens de falsifier l'ensemble de la production aussi bien que de la perception, est maître absolu des souvenirs comme il est maître incontrôlé des projets qui façonnent le plus lointain avenir. Il règne seul partout ». Guy Debord[25]

---

[25] - *Guy Debord - Commentaires sur la société du spectacle, 1988.*

7. <u>LES « *ILLUSIONNISTES* »</u> DE LA DESTRUCTION DES SYSTÈMES SOCIAUX

Le président de la République française a-t-il été réélu par adhésion à son projet de réforme des retraites ?

La rhétorique présidentielle, accompagnée par tous les gouvernants, et promue par les principaux médias, s'ingénie à discréditer, malgré le nombre exceptionnel des manifestations dans la rue, le retentissement insurrectionnel de la contestation, de faire des contestataires au projet de la Réforme des retraites, des provocateurs, des réfractaires et des subversifs, en dehors du jeu démocratique.

« Lors des élections, les choses ont été dites clairement. La réforme a été démocratiquement présentée et validée », a ainsi déclaré le président de la République, le jeudi 19 janvier 2023, depuis Barcelone, au soir d'une journée de mobilisation exceptionnelle.

Comment affirmer une telle position après l'analyse et la représentativité de son élection, ainsi que de la majorité à l'Assemblée ?

Il s'agit tout au mieux d'une manipulation médiatique, ou d'un artifice de langage comme rappelé précédemment, alors que les études d'opinion qui ont été commandées à l'occasion de la présidentielle 2022 lui ont indiqué, noir sur blanc, qu'une majorité de citoyens étaient contre, comme révélé par Mediapart[26]

---

[26] - *https ://www.mediapart.fr/journal/politique/140323/retraites-macron-contredit-par-ses-sondages-de-campagne*

en analysant les comptes de campagne du futur Président.

À la vue du coût, payé par les contribuables, du nombre d'études d'opinion commandées, on ne peut imaginer que la Présidence passe outre leurs recommandations. Dans la masse d'études commandées, une caractéristique commune montre la discordance du discours des dirigeants gouvernementaux et de l'actuel président de la République sur le projet de Réforme des retraites.

Alors que l'ensemble des gouvernants et des députés, appuyés par les campagnes de communication successives, misent une forme de « *pédagogie* » mensongère, pour nous expliquer que le projet de Réforme des retraites est juste et social pour les classes populaires, comment s'étonner qu'une large majorité de ces catégories sociales n'en perçoive pas la justesse.

Seul un président de la République, son gouvernement, une Assemblée nationale et un Sénat aveuglés par leur idéologie des comptes publics, au détriment des classes populaires, n'entendent pas les demandes de justice sociale énoncées par le peuple dans la rue. Il suffit, pour s'en convaincre, de prendre en compte les conditions de travail subies en France par les classes populaires, qui se reflètent dans l'étude ci-dessous.

<u>Perception des conditions de travail en Europe :</u>

Dossier conditions de travail en Europe – clesdusocial.com-Août 2011[27]

<u>Comparaisons et classement</u>

Danemark	242
Pays-Bas	300
Irlande	361
Finlande	399
Royaume-Uni	411
Espagne	429
Portugal	430
Italie	433
Pologne	434
Roumanie	440
Belgique	446
Suède	446
Bulgarie	457
Autriche	478
Rep Tchèque	488
Hongrie	509
Allemagne	512
Slovaquie	535
Grèce	566
France	**571**

On ne sera pas surpris de voir le bon classement de trois pays scandinaves.

---

[27] - *https ://www.clesdusocial.com/IMG/pdf/enquete-sur-les-conditions-de-travail-en-europe.pdf*

En revanche, on sera plus qu'étonné de voir la France classée au dernier rang de l'enquête. Situations de travail particulièrement mauvaises, ressenti particulièrement négatif produit par le pessimisme national ?

Les chiffres apparaissent assez convergents pour ne pas mettre de côté des explications objectives sur les situations de travail. Et comment ne pas penser que ce très mauvais résultat recoupe les suicides survenus dans plusieurs entreprises. Même discutable, ce résultat interpelle.

Nous sommes dans un système économique, composé par le pouvoir politique et économique, à l'origine de la destruction des conditions sociales de travail pour les salariés, et qui en même temps veut imposer une durée de travail de deux années supplémentaires ou des trimestres d'activité en plus, afin d'accentuer le désarroi des salariés.

À quand le « *travail démarchandisé* » ? Autrement conçu comme un travail gratuit et jusqu'à la fin de vie ! Le travail démarchandisé ou penser le travail sans le salaire.

L'analyse du concept de « *travail démarchandisé* » afin de concevoir l'évolution le « *travail* », marqué des politiques ayant recours à des solutions de financières, Leigh Claire La Berge[28] démontre une

---

28 - *Leigh Claire La Berge est l'auteure de nombreux ouvrages de critique économique, parmi lesquels Scandals and Abstraction : Financial Fiction of the Long 1980s (2014), Wages Against Artwork : Decommodified Labor and the Claims of Socially Engaged Art (2019) ainsi que Reading Capitalist Realism (2014), qu'elle a co-édité. Elle est professeure agrégée d'anglais au Borough of Manhattan Community College de la City University*

contradiction sociale : la toute présence du travail et la volatilisation des salaires. Nous sommes accablés par le travail tout en travaillant sans salaire.

C'est la description de ce cas de figure qui implique un travail pour être moins payé, voire pas du tout, que désigne le « *travail démarchandisé* », dont les exemples se propagent, des conditions du travail dans l'industrie du numérique, des pratiques dans les métiers des organisations du sport, des missions d'aides aux personnes, en passant par les Universités et les Écoles de Commerce.

Décrire le lien de causalité entre le capital et le travail suppose d'appréhender et d'exposer cette expansion des pratiques non rémunérées de travail, qui, loin de s'épuiser, illustre la capacité d'appropriation du modèle économique capitaliste.

Selon la conception marxiste, le travail « *démarchandisé* » renvoie à l'épuisement du rapport salarial qui continue, malgré tout, à structurer nos vies. J'avance que le « *travail démarchandisé* » propose une démarche destinée à isoler la notion de travail aujourd'hui, avec sa propre relation au salaire.

Qu'il soit catégorisé comme tel ou non, nous rencontrons quotidiennement « *le travail démarchandisé* », dans les métiers du sport, dans les métiers autour de l'aide à la personne, dans la production culturelle, tout au long des parcours universitaire, dans les pratiques de bénévolat, avec

---

of New York et travaille présentement sur un nouveau livre portant sur l'histoire économique, l'art et l'animalité : Marx for Cats : A Radical Bestiary.

comme support juridique tout un ensemble de dispositif précaire.

Nous savons, à l'issue de décennies de recherches sociologiques, que l'emploi est devenu davantage axé sur les services, précaire et à bas salaires, excédentaire par rapport à la demande de main d'œuvre.

On peut définir la notion de travail comme une action produite dans laquelle nous nous engageons, pour rendre notre vie à la fois significative et possible, mobilisant notre force de travail, comme un potentiel à notre disposition pour être finalement vendu en échange et utilisé pour produire de la plus-value capitalistique. Ce que je souhaite décrire par le sens du « *travail démarchandisé* » constitue la condition d'un « *travail* » non rémunéré.

Je souhaite démontrer que le « *travail démarchandisé* » fournit à la fois un vocabulaire et une méthode pour penser le travail dans notre système économique présent. Le « *travail démarchandisé* » considère l'accroissement des conditions de sous-rémunération ou de non-rémunération, en présence de deux situations paradoxales qui caractérisent les modèles de stagnation économique et la recherche éperdue de captation de la valeur créée.

Karl Polanyi dans son livre « *La grande transformation*[29] » introduit la notion « *d'encastrement* », pour expliciter la relation existante entre les enjeux économiques et les institutions

---

[29] - *Karl Polanyi - La Grande Transformation : Aux origines politiques et économiques de notre temps (Poche), 24 avril 2009.*

sociales. Si la marchandisation au sens de Karl Marx, caractérise la vente d'un produit ou d'un service sur le marché, la « *démarchandisation* » suppose d'en restreindre le commerce.

L'économie ne se réduit pas au seul marché. Elle correspond à l'ensemble des conditions qui assurent la subsistance des hommes et qui favorisent l'unité et la stabilité de l'économie, encastrées dans une structure sociale qui coordonne la distribution et les échanges de biens et de services.

Les pays scandinaves constituent un exemple de restriction des forces du marché relatif aux soins de santé, à l'éducation et au logement, affirmant une traduction de la « *démarchandisation* » de services qui présente une plus grande préservation individuelle face à l'arbitraire des marchés.

La notion de « *travail démarchandisé* » ainsi précisée, invoque une extension des possibilités d'extraction de valeur au sein de la relation de travail. Une telle amplification apparaît et coexiste avec le marché du travail salarié malgré l'absence de salaire ou de rémunération. Nous sommes témoin de la faculté du capital d'extirper de la plus-value d'une disposition que nous considérons comme du travail manifeste – remplir sa mission de travailleur, répondre aux contraintes des patrons d'entreprises et exercer ses responsabilités professionnelles.

Avec les pratiques du « *travail démarchandisé* », nous constatons de nouvelles conditions de l'extraction de la valeur, avec des formes de rémunérations réduites ou insignifiantes, tout en maintenant un système de production du travail, ses mesures, ses relations et ses propres versions qui perdurent. Comme le

« *travail marchandisé* », le « *travail démarchandisé* » produit à la fois des libertés et des contraintes.

Les exemples de « *travail démarchandisé* » abondent et la multiplication des pratiques de « *travail démarchandisé* », comme le statut des auto-entrepreneurs, comme les stages pour les étudiants, les contras d'apprentissages et d'alternances, les projets non rémunérés effectués dans le cadre d'une candidature, le service national universel, le service civique, les expériences de volontariat international au sein du Corps européen de solidarité, les activités obligatoires dans le cadre du contrat d'engagement jeune et les travaux exercés par des bénévoles traduisent les expériences sociales utilisées par cette forme de travail, pour des rémunérations de 600 € mensuel en moyenne. Les jeunes femmes et hommes acceptent ce principe d'activité, comme l'espérance d'un retour sur investissement.

- 2,5 millions d'auto-entrepreneurs, au salaire moyen de 590 €/mois.
- 1,6 million estimé de stagiaires en France, « *estimé* » puisqu'il n'existe aucune ressource comptabilisant le nombre exact.
- 1,1 million de personnes sont en alternance (dont 87 % en contrat d'apprentissage).
- Depuis 2010, plus d'un demi-million de jeunes de 16 à 25 ans ont pu effectuer une mission de Service Civique. En 2020, 132.00 jeunes engagés ont pu effectuer leurs missions.
- En 2023, le Service National Universel propose plus de 50.000 places.

L'autre exemple concerne les dérives de l'économie numérique, qui incarne de manière très parlante un écosystème technologique où la mobilité et l'exploitation algorithmique vont de pair. Désormais, cette étiquette désigne un ensemble de réalités de marché fondées sur la mise en relation d'acheteurs et de vendeurs, ou de personnes prêtes à partager les bénéfices de cette nouvelle économie. Le cœur de métier de ces nouvelles entreprises repose sur l'exploitation algorithmique des données personnelles et de consommation de leurs utilisateurs.

En fait, le célèbre dicton du Web « *si c'est gratuit, c'est que tu es le produit* » pourrait aussi s'énoncer « *si c'est gratuit, c'est que tu y travailles[30]* ». Le brouillage des frontières entre travail et non-travail, entre production et consommation concerne de plus en plus de contextes économiques, dans lesquels la consommation d'un produit ou l'accès à un service participe de la réalisation de tâches progressivement plus nombreuses, dans lequel le consommateur n'achète pas un produit ou un service à proprement parler, mais a le privilège de le mettre en œuvre lui-même. L'histoire sociale s'est toujours appuyée sur le « *travail démarchandisé* » pour accélérer, interrompre, désorganiser afin de le rendre rentable. Tout comme il s'est toujours appuyé sur la déqualification, et la désindustrialisation. La valeur humaine en tant que processus social contient nécessairement en elle la possibilité d'une dévalorisation du travail.

Ce que nous avons vécu en France et dans de nombreux pays sur le plan politique est extrêmement

---

[30] - Sandra Enlart et Olivier Charbonnier - *La société digitale : Comment rester humain ? Dunod, 2018.*

destructeur, l'accélération d'un basculement dans une société autoritaire sur les questions sociales, de santé et de l'éducation. Ce qui se joue autour de l'éducation en ce moment, les pratiques qui se mettent en place et qui se normalise, avec effectivement un effet de loupe et d'accélération incroyable révèle une amplification et la révélation d'un phénomène larvé, destructeur, qui existait déjà, mais accéléré et révélé par la société gestionnaire.

Le plus surprenant, voire le plus saisissant est le silence absolument retentissant des autorités qui bénéficient normalement de la parole publique et qui devrait être présent pour effectuer un travail de contrepoids. Force est de constater qu'il n'y a rien pour des millions de gens qui sont extrêmement malheureux, en colère, mais qui n'ont pas voix au chapitre. Je pense donc, que c'est ce déséquilibre incroyable, entre un processus de destruction qui s'accélère et qui se révèle face à ce silence retentissant de ceux qui ont accès à l'espace public, voire le niveau de mensonges, de dissimulations et de propagande, qui peut augurer du pire à venir.

Je pourrais considérer que la pandémie a accéléré les tendances profondes, qui s'accommodent de l'appauvrissement industriel et d'un état d'insuffisance industrielle, a révélé le caractère autocratique de la société, puisqu'on a fait l'expérience de l'enfermement des jeunes d'une ampleur quasi-inimaginable. L'effet démographique négatif du confinement devra être apprécié à la perte d'espérance de vie, beaucoup plus tard. Je ressens aussi l'accélération fondamentale de la disparition de toute vie parlementaire, c'est-à-dire, une accélération du processus d'effondrement de la démocratie. Je fais partie des citoyens qui considèrent que la démocratie n'existait déjà plus, alors que tout le monde parle comme si nous étions en démocratie pour aller la défendre, alors que nous avons perdu notre souveraineté monétaire, notre capacité politique et commerciale, notre indépendance et donc, notre pays ne peut plus fonctionner démocratiquement.

Une vraie démocratie n'est pas juste la liberté d'expression, la liberté d'aller juste voter, ce n'est pas juste élire des candidats, c'est élire des responsables qui veulent, qui peuvent agir, dans l'intérêt des citoyens qui les élisent. Seul le pouvoir politique peut, à la rigueur, agir contre sa population, ce qui s'est réalisé à plusieurs reprises, mais il ne peut plus agir pour l'amélioration de la situation économique, ne dispose plus de la légitimité issue d'un vote qui ne sert plus à rien, et donc suscite la désaffection démocratique.

C'est juste un peu inquiétant de ne pas savoir où sont l'apparition de nouvelle configuration sociale, avec la disparition des corps intermédiaires et finalement, un face à face des citoyens atomisés contre un état tout puissant qui met en place ce qui a déjà été pensé par Michel Foucault[31], il y a déjà un certain temps mais que l'on voit maintenant concrètement sous la forme d'une politique qui devient biopolitique, comme la gestion des conduites des individus, une gestion du soin, une gestion de la santé, une gestion des corps et même des âmes. C'est ce qui se dévoile petit à

---

[31] - *Michel Foucault - La Naissance de la biopolitique. Cours au Collège de France 1978-1979 (Broché – Livre grand format), 1 octobre 2004.*

petit et qui fait, que nous sommes dans l'attente permanente des injonctions du pouvoir politique, face auxquelles, finalement il n'y a pas grand-chose à faire, sinon tempérer ou être hors la loi.

La situation de la France qui la caractérise, c'est qu'on a une caste de hauts fonctionnaires, des inspecteurs des finances qui ont été formés à réduire la dépense publique, juste pour réduire les dépenses. La classe politique convoque ainsi des spécialistes en tout genre, des cabinets de conseil, fort bien rémunérés, des statisticiens, des comptables, des contrôleurs de gestion, des conseillers industriels, des ingénieurs de toute espèce, des organismes scientifiques, des chercheurs, des scientifiques et des communicants.

Ils pilotent les institutions comme des boutiquiers, qui vont appliquer dans les hôpitaux des règles de fonctionnement du marché, qui n'aboutissent qu'à la destruction du système hospitalier. Ils fabriquent les conditions du marché et comment, par exemple, en faisant comprendre que l'éducation n'est plus du tout ce que l'on croyait, autrement dit l'émancipation des Lumières, mais non, l'éducation, c'est la première grande scène de la compétition et donc éduquer, quand on a des enfants dans les fameux foyers, l'enjeu, c'est de gagner des places, c'est d'être dans la compétition donc, on met en place des contrôles continus, une évaluation permanente pour gagner des places. C'est un exemple de la manière dont on modifie le sens de l'éducation, on modifie le sens de l'acte éducatif.

Le pouvoir politique a construit un grand récit auquel malheureusement, les classes éduquées ont majoritairement adhérées de manière aveugle, celui qui semble n'être que la seule issue possible, la mondialisation. Est-ce que c'est un grand complot, plutôt une manière de penser qui s'est imposée au moment où on a essayé de nous faire croire que le sens de l'histoire, c'était la mondialisation, c'est un courant de pensée très puissant dont on est, très imbibé, surtout pour les plus éduqués, nous sommes tous plus ou moins contaminés. Il faut construire donc les agents de ce marché, il faut transformer l'éducation pour en faire une affaire de commerce lucratif, une compétition de contrôle continu pour ce qui s'appelle l'égalité des chances, qui en fait, sert à légitimer les inégalités sociales.

Il suffit de porter attention au comportement des universitaires pendant un an, des enseignants, qui vis-à-vis de leurs étudiants, ont repris tous les schémas néolibéraux de l'éducation sans que cela ne pose aucun problème. Ils ont tous accepté que les cours soient réalisés en distanciel, qui ne sont que des semblants de cours. Le seul pouvoir dont ils disposent, concourt à évaluer en continu, à classer les étudiants, à les mettre en compétition. En réalité, les enseignants consacrent leur temps à exercer un contrôle continu pour classer les étudiants, pour leur justifier leur échec et donc n'intégreront pas une classe supérieure, ce qui traduit une vaste entreprise de sélection compétitive. Le métier d'enseignant est devenu un métier qui sert à contrôler, à sanctionner et à trier les étudiants, pour la plupart du temps, et participer au grand triage social et donc de leur futur.

Il devient insupportable de pratiquer ces formes de contrôle continu, de sélection et de tri social lorsque des étudiants qui sont concernés par les difficultés à se loger, à rechercher et trouver un stage, une alternance ou un emploi précaire sous-payé, par la faim, par le désespoir, par la tentation du suicide, et donc il s'agit d'arrêter ces pratiques, même si vous êtes à la limite du statut de paria dans votre communauté. Exclu de votre corporation pour non-conformité, parce que vous avez attaqué ce qui est devenu le sens de l'éducation, c'est-à-dire, sélectionner, contrôler, trier et sanctionner, ce qui résume bien ce néolibéralisme, qui passe par une bureaucratie et un fonctionnariat.

La prise de contrôle du pouvoir politique par une bureaucratie autoritaire traduit ce basculement vers l'autoritarisme, condition de l'implosion de la démocratie en France. Un pouvoir politique qui pense que les populations sont toujours en retard et prennent toujours les mauvaises décisions, développe cette idée fondamentale, pour construire une ingénierie sociale, fondée sur des tendances proprement mondialistes néolibérales, afin que la santé soit limitée à l'innovation et que l'éducation soit l'égalité des chances, autrement dit la compétition pour tous.

Cette idéologique, cohérente, que l'on trouve chez les soi-disant démocrates européens, dans toutes les gauches de gouvernement m'interpelle car c'est celui dans lequel je vis tout simplement, c'est celui qui essaie de me détruire, qui contribue à la destruction de mon métier, qui participe à la décomposition de mon pays, qui programme la déchéance de mon hôpital, qui sape ma vie culturelle, qui assujettit ma vie sociale et qui planifie l'anéantissement de l'éducation. Dans ce contexte, l'exercice de la démocratie doit donc être confié à une classe spécialisée et avisée, une élite politique. Nous l'aurons compris : le petit s'éclipse devant les grands, l'amateur laisse travailler les professionnels.

C'est sur la réflexion de l'évolution de ce néolibéralisme que s'appuie mon analyse sur les résistances, sur l'émergence d'une nouvelle stratification éducative, autrement dit, c'est un paradoxe négatif, qui, à travers le développement des études secondaires et supérieures, stratifie les populations. Et qui crée partout des individus avec une éducation supérieure, dont le problème fondamental, n'est pas qu'ils se pensent vraiment supérieur, mais plutôt le fait qu'ils sont suffisamment nombreux pour vivre entre eux, qui pensent que les gens d'en bas doivent être rééduqués et guidés.

L'idée qu'il faut faire de la pédagogie avec les citoyens, avec les électeurs, leur infantilisation m'est insupportable, surtout de la part d'un pouvoir politique en dehors de la réalité de la vie sociale des populations. J'ajouterais que l'attitude fondamentalement inégalitaire et culturelle des décideurs politiques n'est pas de vouloir transformer les individus d'en bas, mais plutôt de les abandonner à leur destin avec des mécanismes comme la ghettoïsation, le RSA (Revenu de Solidarité Active), la relégation dans des quartiers sinistrés des villes qui pourrissent, qui constitue la capacité du pouvoir politique à avancer en laissant les citoyens sur le bord de la route, sans vraiment chercher à les aider et à les transformer.

Un texte de Georges Orwell, rédigé dans les années 1940, jette une lumière crue sur un des aspects les plus insupportables de l'humiliation dans les relations sociales concernant la pauvreté et l'exclusion sociale, comme le sentiment de honte de ceux qui sont privés des moyens matériels pour subvenir à leurs besoins.

Orwell est connu pour le livre prémonitoire « *1984*[32] » où il décrit avec une précision implacable les ressorts d'une société totalitaire, celle qui ressemble à s'y méprendre à la nôtre aujourd'hui. Ce regard lucide qu'il porte sur la société était le fruit d'un engagement de toute sa vie auprès de ceux que la société rejette. Il écrivait, dans une chronique, le 6 octobre 1944 : « *Notre société n'est pas seulement organisée de façon à ce que ceux qui ont de l'argent puissent acheter des produits de luxe. Elle est aussi organisée de façon à ce que ceux qui n'ont pas d'argent soient obligés de le payer tous les jours par des humiliations mesquines et par des inconforts absolument inutiles*[33] ».

Ce texte, d'une brûlante actualité, illustre bien un des phénomènes les plus choquants de l'exclusion sociale. C'est faire payer très chèrement le « *pauvre* » qui souhaite bénéficier d'aides sociales par des démarches administratives longues et complexes, toujours sous le coup du soupçon, d'être un « *profiteur* » qui abuse de sa situation.

Ces accompagnements, s'ils aident des personnes souvent désemparées face aux arcanes des procédures, sont aussi de terribles révélateurs de la face cachée de l'aide sociale, source d'humiliation et

---

[32] - *George Orwell – 1984, 1949.*

[33] - *George Orwell - À ma guise : Chroniques 1943-1947, Agone, 2008.*

de honte pour ceux qui doivent y recourir, et cela, en dépit de la « *bonne volonté* » des travailleurs sociaux, obligés par la loi, d'appliquer les règles.

C'est le paradoxe de notre société de se présenter comme la championne de la protection sociale, tout en accentuant la marginalité de ceux qu'elle est censée protéger, par la multiplication des prescrits légaux et des démarches administratives, inaccessibles aux plus démunis, compréhensibles par les seuls professionnels.

Une telle situation pousse à une interrogation à trois niveaux :

1- L'exclusion sociale se manifeste par le « *mépris* » de ceux qui vivent dans la précarité : un déni de « *reconnaissance sociale* ».

2- L'expérience vécue montre que solliciter les aides sociales relève du parcours du combattant pour ceux qui y ont droit.

3- Les aides sociales se heurtent à des obstacles comme le poids des stéréotypes et les effets pervers d'un système de règles parfois incompréhensibles pour les ayants droit.

Dans la société compétitive et individualiste qui est la nôtre, c'est la personne qui serait responsable de sa situation et toute aide risquerait de la détourner du désir de se prendre en charge elle-même. Tel est sans doute l'une des raisons pour lesquelles l'attribution de cette aide se présente comme une épreuve redoutable pour ceux qui doivent y avoir recours. Cette aide sociale est fournie au terme d'un processus qui peut être inquisitorial par les questions posées et où le demandeur doit faire la preuve de sa bonne foi pour faire valoir ses droits.

Un des éléments discriminants entre « *pauvres* » et « *riches* » réside particulièrement dans le « *rapport au temps* ». Les personnes pauvres, qui veulent avoir accès aux soins ou pour des démarches administratives, doivent faire des files interminables dans les cabinets d'attentes respectifs. Elles ne sont jamais sûres d'obtenir un rendez-vous ou d'être reçues le jour même. Le temps qu'elles consacrent à l'attente est occupé, sans possibilité de détente.

Elles subissent une inégalité par rapport à des personnes riches qui gagnent du temps en fixant des rendez-vous qui leur ouvrent des espaces de liberté dans l'organisation de leur temps. Le préjugé, comme nous pouvons le noter, est que « *les pauvres n'ont que cela à faire, leur travail, c'est de faire la file* » et « *on leur ferait bien porter des cailloux pour mériter l'argent qu'ils reçoivent ou le service qu'on leur rend* ».

L'action essentielle concerne une remise en cause de notre attitude vis-à-vis de ceux qui vivent l'exclusion sociale. Ne pas être juge d'autrui, mais solidaire de ses problèmes, sachant qu'ils sont, comme nous, forts et fragiles à la fois.

Tout un programme pour combattre l'humiliation !

8.   LES « *ILLUSIONNISTES* » CONTRE LES RÉSISTANCES

Michel Foucault[34] analyse comment les savoirs et les histoires jouent un rôle dans les luttes, les affrontements, et comment certains savoirs sont assujettis.

Face aux situations de pouvoir complexes entre les individus et les dominants, s'établit une relation de pouvoir. Le pouvoir justifie ces relations, et le pouvoir apparaît lorsque l'un veut agir et imposer sa volonté sur l'autre. Le pouvoir ne s'exerce pas directement sur l'individu, mais sur ses actions et sa conduite, qui passe par la violence, l'obéissance, l'autorité, l'appropriation et la concession, tous moyens auxquels le pouvoir à recours.

Dans ces antagonismes de lutte, on croise une opposition aux pratiques de l'individualisation, autrement dit une lutte contre certaines techniques de contrôle par le pouvoir. Ces luttes s'opposent au gouvernement de l'individualisation et aux techniques de gouvernement qui caractérise les individus par leur identité sociale, pour mieux les asservir. Ce sont des luttes aussi contre les privilèges du savoir, réservé à une élite, qui peuvent être utilisées pour produire des effets de pouvoir. Finalement, ces luttes opposent les pratiques de l'État économique et idéologique qui consiste à ignorer la singularité des individus et qui

---

[34] - *Michel Foucault - Leçons sur la volonté de savoir. Cours au Collège de France 1970-1971, D. Defert éd., Paris, Seuil/Gallimard, 2011.*

cherchent à classer les sujets et à assujettir les citoyens.

La résistance devient une action politique, tant elle figure dans les relations de pouvoir.

La propension à la résistance se manifeste dans la conduite des individus et qui influe la conduite humaine. D'autre part, on peut constater que la découverte des femmes et des hommes non-conformes est liée à la problématique du pouvoir disciplinaire de maîtriser les populations à neutraliser. On reconnaît aux individus la volonté de revendication et de bien-être, caractéristiques qui peuvent échapper au contrôle du pouvoir. L'individu devient le point d'émanation de la résistance, par la manière dont il va pouvoir s'organiser contre le pouvoir.

Les objectifs du pouvoir politiques et de ses experts médiatiques montrent moins d'intérêt pour la prise en compte des crises sociales, que pour les techniques de surveillance et de contrôle.

Un contrôle pour défendre la société, un pouvoir pour protéger la société des non-conformes !

Cette combinaison de la revendication et du bien-être, constitue un domaine pour l'exercice du pouvoir et de son champ d'intervention. Le pouvoir vise à contrôler comment ces caractéristiques se manifestent et s'efforce de les ajuster pour qu'elles soient mieux utilisées. Et ce, à deux niveaux, c'est-à-dire l'un disciplinaire et l'autre biopolitique. Au niveau disciplinaire, il est question d'intervenir individuellement, et au niveau biopolitique, il s'agit de mesures globales sur les populations, composant un pouvoir qui s'occupe de la vie.

Le pouvoir vise à maîtriser les revendications, de telles manières que les « *mauvaises* » soient supprimées, tout en encourageant les « *utiles* ». Le pouvoir exige que les énergies soient dirigées vers des tâches qui sont utiles et productives. Classer et rendre intelligible toutes ces conduites diverses, normales ou déviantes permet au pouvoir de les contrôler. Il ne s'agit pas de réprimer les revendications et le bien-être, mais de rendre les individus plus utiles et plus dociles.

La liberté représente un état, autrement dit, l'on se considère libre s'il n'y a pas de contraintes qui nous empêchent d'agir selon notre propre volonté. Chez Michel Foucault, la liberté n'est pas un état, elle est avant tout une pratique, qui renvoie à sa définition du pouvoir, c'est-à-dire que les individus consentent à des choix autonomes pour atteindre leurs objectifs, dans l'exercice total de leur liberté.

La résistance impose plus que le simple acte de dire « *non* » au pouvoir. Derrière cette affirmation, il faut souligner l'exigeante imagination qui se trouve dans l'acte de résister. Il s'agit de disconvenir de ce que le pouvoir affirme, mais au-delà, nous devons proposer de nouvelles orientations qui complètent les propositions dans l'exercice du pouvoir, pour ouvrir des possibilités imprévues ou bien, des idées qui renversent complètement l'autorité.

Face aux dangers que la pratique de la liberté rencontre, des pratiques de pouvoir ébranlent les possibilités de l'exercice de l'émancipation. Il nous revient de résister contre ces formes de pouvoir qui s'avèrent intolérables aux individus et conjurent leur capacité d'agir comme ils le souhaitent.

Il nous revient de livrer combat contre les techniques de normalisation qui cherchent à rendre les individus conformes aux normes. Ce contre quoi il faut rivaliser, c'est la forme de la biopolitique mise œuvre par le pouvoir, imposée aux citoyens.

Comment s'inscrit la résistance dans un système néolibéral moderne, face à la pratique des techniques biopolitiques ?

Le système néolibéral affiche les libertés des individus, exprimant la raison gouvernementale, liée aux principes de l'économie politique, dans une organisation qui laisse les individus faire ce qu'ils veulent, pour bonifier leurs conditions de vie et qui laisse les activités se dérouler spontanément.

De toute façon, il vaut mieux laisser faire les individus et le gouvernement intervient au moment de la nécessité, pour rendre les salariés plus productifs et plus concurrentiels. Bien que le pouvoir se contente d'être moins intervenant, il reste toujours la possibilité que naissent des révoltes, des résistances et des insurrections, produites par les effets négatifs des gouvernants. Les résistances peuvent tenir leurs forces d'un mécontentement contre le gouvernement.

C'est sur la liberté dans les pratiques de soi que la résistance peut se fonder, élevée par la réflexion sur la responsabilité des individus, sur la façon dont ils sont construits, sur la mobilisation des savoirs obtenus pour stigmatiser et subvertir un pouvoir dogmatique. En instruisant les comportements éthiques des citoyens, besoin essentiel aux modes de vie, les techniques d'accomplissement de soi conforterai les possibilités de la contestation de l'administration du pouvoir.

Michel Foucault considère que le rapport à soi compose l'amorce des résistances aux pratiques du pouvoir. Autrement dit, c'est la question du gouvernement de soi qui est centrale, qui révélerait l'appareillage possible pour, en même temps, résister à un pouvoir oppresseur et se préoccuper de soi. Dans un environnement politique et médiatique qui suscite l'affolement, les émotions permanentes et la peur, les résistances participent des alternatives de luttes contre ces constituants de la répression. Équipés des moyens individuels et collectifs les groupes de résistances, affermis par des attributs de détermination, d'énergie, de volonté, d'audace et d'assurance, confondus avec sa propre créativité, les citoyens disposeront des dispositifs pour affronter les discours médiatiques multiples qu'on a voulu leur imposer, les dangers que représentent la remise en cause de son mode de vie et l'autorité de ceux qui veulent imposer leur loi.

Il s'agit de se préparer à se confronter à des difficultés qui forment la menace la plus grande pour la liberté du citoyen et qui se manifestent dans le refus d'être gouverné d'une manière ou d'une autre. Il s'agit aussi de porter une condamnation du gouvernement, mais aussi une critique des formes de pouvoir et des institutions qui permettent l'exercice d'un pouvoir autocratique. Au-delà, le questionnement sur les vérités qui donnent au pouvoir sa puissance doit être controversé et délibéré, afin que l'individu s'oppose à la menace perpétuelle des dangers d'une administration totalitaire.

Les formes du pouvoir moderne, comme le pouvoir normalisateur, agissent en introduisant de la peur et de la terreur dans les populations. Par les classifications des individus permis par les normes, le pouvoir absolu dispose des ressorts pour conduire des individus anormaux ou déviants vers un état de normalité, afin d'obtenir leurs obéissances. De plus, les pratiques par la peur et la terreur peuvent forcer les citoyens à accepter ce que l'on tient pour la vérité, c'est-à-dire une vérité énoncée par le rapport complexe du pouvoir et des médias. Michel Foucault voit dans les instruments du pouvoir que « *ceux qui sont insérés dans ces relations de pouvoir, qui y sont impliqués peuvent, dans leurs actions, dans leur résistance et leur rébellion, leur échapper, les transformer, bref, ne plus être soumis[35]* ».

Le déterminisme politique imminent nous commande de ne pas se soumettre au pouvoir oppressif et totalitaire et de ne pas accéder à la moralité normative que l'on tente de nous imposer. Pour cette raison, Michel Foucault veut ranimer les pratiques de soi dans le contexte moderne. Une des questions politiques les plus centrales d'aujourd'hui est de comprendre comment les individus considèrent leur mode de vie et sa finalité. La résistance constitue le fondement de la citoyenneté active, c'est-à-dire une manière d'agir dans une société oppressive et comment se conduire en citoyen responsable. Si l'on prend l'exemple des relations sociales, on peut vérifier comment celles-ci sont centrales dans la constitution des individus.

------

[35] - *Michel Foucault - Surveiller et punir : Naissance de la prison (Poche), 4 mai 1993.*

On distingue que dans les milieux thérapeutiques s'unissent les techniques disciplinaires et les mécanismes qui conduisent les citoyens non-conformes, vers une nouvelle adaptation. La façon dont le gouvernement construit des subjectivités fait partie d'une totalité de gouvernements de soi, les individus étant gouvernés de manière à s'occuper et à se soucier d'eux-mêmes. Le pouvoir exige que les individus soient actifs eux-mêmes, inventant de nombreux modes d'assujettissement et faisant des citoyens, des sujets continuellement observés, régulés, ou modulés, conformes à la société de contrôle.

L'organisation des résistances se heurte à l'organisation des populations. Malgré son importance sociale et sa puissance économique, une majorité silencieuse, qui ne parle pas d'une seule voix, qui ne partage pas le même projet, produit toutes les conditions de son incapacité à s'organiser. L'évidence de l'intérêt public ne parvient pas à mobiliser les citoyens.

Ramenés à la vie professionnelle, face à la peur, au soupçon et à l'incertitude, les salariés calculent les risques et agissent de façon à en minimiser les conséquences. Il s'agit de comprendre comment les hommes se comportent dans la vie active et professionnelle, et ensuite participent à la consommation, caractéristique des sociétés néolibérales. Les citoyens, producteur de richesse par l'assujettissement des salariés dans les entreprises, se métamorphosent en consommateurs dans l'économie globale et financière. Ces individus sont pris, étant des travailleurs et des consommateurs, dans des relations de pouvoir hétérogènes, soumis au contrôle social qui désigne les individus comme des ressources dans l'économie. Les entreprises créent des mondes que la société néolibérale essaie de contrôler par des pratiques de techniques disciplinaires et des pratiques du contrôle qui s'accordent dans la société de contrôle, pour conformer les esprits et gérer les modes de vie.

Plus tôt, les philosophes des Lumières ont été amenés à s'interroger sur l'attitude du citoyen, lorsque les libertés fondamentales sont bafouées par le gouvernement. Certains philosophes vont mettre l'accent sur le droit de résister au pouvoir lorsqu'il ne respecte pas, de manière flagrante, les principes fondamentaux du contrat. Le philosophe anglais John Locke estime que le peuple est fondé à s'insurger contre les abus du gouvernement, voire à instaurer un nouveau gouvernement, « *Si les hommes font les lois pour régler les actions des membres de l'Etat, elles doivent être aussi faites pour les leurs propres et doivent être conformes aux attentes des citoyens. Sur les lois fondamentales ayant pour objet la conservation des individus, il n'y a aucun décret humain qui puisse être bon et valable lorsqu'il est contraire à ces lois[36]* ».

Au-delà de notre vieille Europe, c'est lors de la Révolution Américaine, que se produisit l'un des actes de « *désobéissance civile[37]* » les plus reconnus de

---

[36] *- John Locke - Traité du gouvernement civil « Two Treatises of Government », 1690.*

[37] *- Etienne de La Boétie Étienne - De la servitude volontaire ou le Contr'un (Discours), publié en latin, par fragments en 1574, puis intégralement en français en 1576.*

l'histoire américaine, la célèbre « *Boston Tea Party* ». Le 16 décembre 1773, pour protester contre les taxes sur le thé et contre les restrictions britanniques sur les exportations et les importations, les colons, déguisés en Amérindiens, investirent des navires de la compagnie britannique et jetèrent à la mer toute leur cargaison de thé. Cette « *Boston Tea Party* » sera suivie par un boycott des marchandises anglaises, puis par la fermeture du port aux navires anglais. C'était l'un des premiers actes de désobéissance collectif revendiqué comme tel.

Thomas Jefferson (1743-1826), le principal rédacteur de la Déclaration d'Indépendance Américaine, et troisième Président des Etats-Unis, justifiera cet acte de désobéissance par ces mots, « *Il existe des situations extraordinaires qui exigent une interposition extraordinaire. Un peuple exaspéré, qui sent que le pouvoir est entre ses mains, ne se laisse pas facilement contenir dans de strictes limites* ».

Nous pouvons ajouter que la Déclaration d'Indépendance des Etats-Unis précise « *que le gouvernement n'a de légitimité que dans la mesure où il respecte et fait respecter les droits fondamentaux* ». Elle indique que « *les gouvernements sont établis parmi les hommes pour garantir leurs droits inaliénables. Toutes les fois qu'une forme de gouvernement devient destructrice de ce but, le peuple a le droit de la changer ou de l'abolir et d'établir un nouveau gouvernement, en le fondant sur les principes et en l'organisant de la forme qui lui paraîtront les plus propres à lui donner la sûreté et le bonheur* ».

Thoreau, dans son texte explique « *qu'il ne suffit pas de condamner par la parole, les injustices, il ne suffit pas de voter une fois par an, même dans le sens de la justice, il ne suffit pas de vouloir amender la loi injuste pour l'améliorer[38]* ». En cela, il nous interpelle afin que ne soyons pas complices de l'injustice que nous condamnons. Thoreau montre que notre responsabilité d'individu amène par-devers-nous à l'injustice lorsqu'on obéit à la loi qui engendre l'injustice. « *Si la machine gouvernementale veut faire de nous l'instrument de l'injustice envers notre prochain, alors je vous le dis, enfreignez la loi. Que votre vie soit un contre-frottement pour stopper la machine. Il faut que je veille, en tout cas, à ne pas me prêter au mal que je condamne* ».

Thoreau pose ainsi le devoir de désobéissance de l'individu face à l'Etat. L'homme juste affirme sa liberté et sa dignité par un acte d'insoumission qui le met en accord avec sa conscience. L'acte de désobéissance doit être authentique, il faut être prêt à assumer les conséquences de son acte. « *Sous un gouvernement qui emprisonne quiconque injustement, la véritable place d'un homme juste est aussi en prison* ».

---

[38] - *Henry David Thoreau – La désobéissance civile «Resistance to Civil Government », 1849.*

9.   LES « *ILLUSIONNISTES* » CONTRE LA PENSÉE D'UNE NOUVELLE CITOYENNETÉ

9.1.   Le pouvoir du citoyen

Ce qu'il est convenu de désigner comme le « *Manifeste des Enragés*[39] », marque un moment d'action commune entre les principaux agitateurs parisiens de ce courant. Jacques Roux parle devant la Commune le 21 juin 1793, dans lequel il salue l'action de la Société des citoyennes républicaines révolutionnaires, dont une délégation vient de quitter la tribune.

Reprenant le contenu du Manifeste, il s'agit de construire une nouvelle citoyenneté. Lorsque la liberté n'est qu'une vaine apparence, quand une classe de dirigeants accapare la majorité des richesses produites, quand le pouvoir politique tolère des classes sociales en situation de dénuement et de détresse, l'égalité n'est qu'une futile chimère. Quand les puissants, par leur monopole exercent le droit économique et social au détriment des populations, la République n'est qu'un faux-semblant. Quand la concurrence mortifère s'opère de jour en jour, par le prix des produits alimentaires et des loyers, auquel près du quart des citoyens ne peuvent atteindre, la représentation politique n'est qu'une comédie.

Par une convention nationale constituée de citoyens reconnus, rendant sa dignité et sa vigueur, qui n'a

---

[39] - *Jacques Roux, Marat, Michel Biard, Serge Aberdam, Walter Markov – « Le manifeste des enragés » - Étiquettes 1793, Club des Cordeliers, Enragé(e)s.*

besoin pour opérer le bien que de le vouloir, il s'agit de conjurer, au nom du salut des populations, de décréter que le principe général du commerce ne consiste pas à concurrencer et à précariser, pour ruiner, désespérer et affamer les citoyens.

La liberté du commerce est le droit d'échanger et de faire usage utile, et non le droit d'exploiter et de contraindre l'usage. Les produits nécessaires à tous doivent être livrés au prix auquel tous peuvent accéder.

Finalement, la question qui nous est toujours posée - *est-il possible de résister au pouvoir politique et de le combattre ?* - Ce serait erroné de dire que les analyses de Michel Foucault ne sont en effet que la description d'une société de contrôle sans libertés dans laquelle nous n'aurions aucune possibilité d'agir librement ou de nous développer comme êtres humains autonomes.

La recherche des formes de pouvoir doit continuellement être exhortée, par la remise en question et les résistances à lui opposer. Pour Michel Foucault, les citoyens sont toujours « *libres* », parce que la résistance est toujours possible. Par la résistance et la critique, il est possible de révéler des crises du pouvoir politique, ses détournements, ses affabulations et ses formes de propagandes.

Si Michel Foucault[40] ne souhaite pas être en dehors du pouvoir, il exige la pratique des libertés les plus larges possibles. Il est de condition majeure de définir ces pratiques, quelles qu'elles soient, de les garantir

---

[40] - *Michel Foucault - À l'épreuve du pouvoir (Broché), 4 juillet 2013.*

et de sanctionner toutes les atteintes à celle-ci. Malgré cela, il faut sans cesse prêter attention à toutes les formes de dominations dans les relations de pouvoir, parce que la liberté est liée directement à celui de la domination. Face à une économie sociale qui a besoin de pouvoir pour sa gouvernance, il est impossible de penser l'existence du social sans les relations entre les citoyens.

Il s'agit donc bien de critiquer, de démasquer et de limiter l'usage des procédures, des techniques et des méthodes dont se sert le pouvoir politique pour assurer une société de contrôle. La dénonciation de certaines pratiques, de certaines règles, de certaines institutions, sédimentées depuis des années, passent par des résistances, sans cesse renouveler. Le pouvoir, par sa capacité à produire des résistances, qu'il doit lui-même combattre, fait naître de nouvelles contestations, dès que celui-ci devient intolérable et excessif.

Le pouvoir, exercé au nom des normes qu'il impose, pour réguler des conduites non-conformes, doit rester contestable. Résister à la normalisation, à la conformité ouvre de nouveaux espaces de pratiques de la liberté. L'importance de la résistance contre le pouvoir, conditionne la volonté de la liberté, en particulier, au regard de la conformité. Selon cette dimension, le pouvoir n'essaie pas de supprimer ou de rejeter la non-conformité, mais celui-ci va y porter une attention, va l'examiner, pour produire un discours sur les populations déviantes, avec pour objectif de banaliser la non-conformité. Ainsi, le pouvoir politique rend l'écart à la normalité une chose banale et chaque comportement ou écart significatif à la norme peut être considéré comme une perturbation.

Nous ne pouvons concevoir qu'il est inutile de résister au pouvoir. Le pouvoir politique n'est pas absolu, ni savant, parce qu'il doit à chaque moment inventer de nouvelles procédures pour maintenir sa puissance vis-à-vis des individus qui lui échappent sans cesse. Il est de notre responsabilité de trouver des formes d'action pour une résistance efficace et inventive, et ne pas seulement prodiguer des conseils précis, car ce ne serait qu'une autre forme de contrôle. Il est important et utile de critiquer le pouvoir et les institutions qui détiennent l'autorité pour les confondre et révéler ce qui est insupportable en eux et pour les citoyens. Le mérite de la pensée politique de Michel Foucault est d'encourager à critiquer toutes les formes et les incarnations du pouvoir, tant la transformation des mécanismes du pouvoir est possible par la puissance des convictions.

9.2. Le mandat impératif

« Mandataires du peuple, c'est particulièrement dans l'énonciation de nos volontés, que réside le plus beau de nos droits. Nos députés, vous ne serez plus nos représentants, vous serez nos mandataires, nos organes : vous verrez tracée devant vous la ligne que vous devez suivre. Avant d'entamer sérieusement vos travaux, vous allez recevoir le plan de conduite que nous vous avons dressé. Les lois ne doivent point être le résultat des impressions que produisent des orateurs communément plus captieux que sincères, mais bien le recensement des ordres intimés par les

assemblées primaires. Dans un état où le peuple est tout, le premier acte de la souveraineté est d'élire, le second, de rédiger des pouvoirs, des mandats à ceux élus. » dans *Le mandat impératif et la démocratie directe* (1792)[41].

Note de Varlet[42] : « Presque toujours celui qui représente s'imagine être réellement, et il est de principe que notre inaliénable souveraineté ne peut ni se déléguer, ni se représenter »

Jean-Théophile Victor Leclerc[43] répète le credo rousseauiste : « Peuple, rappelle-toi surtout qu'un peuple représenté n'est pas libre ; la volonté ne peut se représenter. »

Dans les circonstances qui nous occupent, ce rappel n'est pas inutile tant il décrit la forme d'organisation d'une réelle démocratie.

Tous nos élus déclarent ou devraient affirmer qu'ils sont révocables – en conséquence, c'est aux citoyens de déterminer les conditions de votre révocation. La manifestation et la publication de nos résolutions vous donneront les limites de vos obligations, vous ramènera sans cesse aux législations que vous avez votées, vous rappellera que vous ne disposez que d'un mandat par procuration, que les citoyens vous ont délégué la faculté de donner le plus grand développement à nos idées, afin de réaliser nos vies.

---

[41] - *Varlet, Sade et les Enragés - Le mandat impératif et la démocratie directe (1792).*

[42] - *Jean François Varlet - Projet d'un mandat spécial et impératif, aux mandataires du peuple à la Convention national*

[43] - *Christelle Augris - Jean Théophile Victoire Leclerc : La vie d'un révolutionnaire enragé.*

Mandataires des citoyens, nous vous avons élus pour nous donner des lois constitutionnelles, usant de l'expérience de vos pratiques politiques et de la sagesse des érudits, avec la capacité des experts, pour offrir, ce que le pouvoir politique dispose de plus généreux, et rendre heureux tous les individus destinés à vivre en société.

Vous affermirez le pacte social par des institutions humanistes, par des symboles et des vérités que nous sommes certains de reconnaître, comme l'extirpation du paupérisme, la disparition des inégalité sociales, la suppression des écarts de fortunes, les réformes sociétales, la propagation de l'éducation accessible à tous, le concours universel des citoyens aux charges des collectivités et de l'Etat et les bienfaits d'une société responsable, sociétal, durable et éthique.

Vous engagerez les réformes sur l'identification des biens et des fonctions publiques afin de supprimer tous les conflits d'intérêts, vous adapterez les moyens sûrs de la répression contre les profiteurs et les prédateurs, dans un juste équilibre avec les citoyens, vous encouragerez l'émulation accordée aux individus dirigés vers l'utilité commune et l'intérêt général, avec les témoignages authentiques de reconnaissance et d'estime qui leur sont dus.

L'isolement, la honte, le mépris et la nullité doit confondre les égoïstes, les exploiteurs et les spéculateurs. Lorsque vous établirez les réglementations sociales, vous les intégrerez dans le contrat social, principes pour organiser et construire une communauté, où chacun ne doit recueillir qu'à raison de sa contribution.

Choisis par les citoyens, les nominations aux postes de responsabilité de la fonction publique s'effectueront selon des principes que vous aurez préalablement définis, invariables dans le temps et la géographie, afin de réduire puis d'éliminer toutes les tentations de conflits d'intérêts et de corruption. Face aux emplois à pourvoir dans les administrations, les responsables devront s'astreindre à ces nouveaux modes de fonctionnement, afin de supprimer toutes les préférences injustes et de répartir équitablement les avantages sociaux.

Je rappelle que la France se situe au 26ème rang de la corruption mondiale[44], et que 93 % des collectivités ignorent les mesures de prévention anti-corruption rédigées par l'AFA (Agence française anti-corruption). Il ne s'agit plus de se cacher derrière les mots des communicants par des litotes comme – « *la faible maturité des acteurs publics dans la maîtrise des risques d'atteinte à la probité* », qui expriment tout simplement le degré de corruption dans les collectivités françaises.

Vous demanderez que les élus et les administrateurs des collectivités locales, des département, des régions, à tous députés siégeant à l'Assemblée Nationale, à tous les sénateurs et à tous les membres des gouvernements successifs, qu'ils soient tenus de déposer dans un lieu public de leur résidence respective, un double de leurs registres précisant le détail de tous leurs biens et actifs, ainsi que tous les liens relationnels avec des entreprises dans leur

---

[44] - *Classement des pays du Monde selon leur indice de perception de la corruption publié par Transparency International.*

champ de responsabilité, de manière transparente et accessible afin que tous les citoyens s'informent et consultent les situations patrimoniales de tous leurs élus et représentants.

Vous statuerez sur le non-cumul des mandats. Deux responsabilités politiques ne peuvent être bien occupées par le plein individu - vous exigerez que les élus soient tenus d'opter à une seule fonction.

À cela, s'ajoutera la condition d'exercer un seul mandat, quel qu'en soit la dimension politique, avec pour objectif, la réalisation concrète du programme annoncé pendant sa durée, et permettre en même temps le renouvellement des candidats aux responsabilités politiques. De plus, ces pratiques mandataires contribueront à la diminution des risques de prévarication.

Vous promulguerez comme loi capitale que le seul pouvoir politique sera celui des citoyens dans les assemblées locales, départementales, régionales, nationales, subrogés par les mandataires élus, et que l'exécution des lois sera déléguée à une commission exécutive, composée d'individus amovibles, retenus selon leurs expertises, en petit nombre, ayant la charge de produire les conditions et la réalisation de toutes les opérations économiques décidées par une quelconque assemblée.

Les citoyens, appelés à l'adoption des dites lois, seront, selon son tour, administrateurs des commissions exécutives et de contrôle. Ces commissions exerceront leurs missions comme les Cour des comptes actuelles, mais déclinées dans chaque assemblée locale, départementale et régionale, ceci afin d'assurer la faisabilité des projets avec pour objectif l'intérêt général et de vérifier la bonne exécution budgétaire. Leur rôle intégrera la responsabilité de porter à la connaissance de tous les citoyens l'état des finances locales, départementales et régionales, avec l'objectif social de maintenir un niveau d'impôts locaux toujours à la baisse, supportés équitablement par l'ensemble des populations.

Vous ferez déclarer que tous les ministres et tous les représentants élus seront destitués quand les objectifs des programmes annoncés ne sont pas atteints ou remplis dans l'intérêt général, à la confrontation annuelle d'un rapport entre les annonces programmées et leurs réalisations effectives, quelle que soit la durée des mandats. Les citoyens pourvoiront à de nouvelles élections, sur présentation de nouveaux candidats aux charges électives.

Vous appellerez à la générosité des acteurs économiques, afin qu'elle s'étende, avec dignité dans les moindres villages, agglomérations, villes, et dans les moindres espaces de l'humanité souffrante. Que tous les citoyens, femmes, jeunes, enfants, immigrés, personnes âgées, handicapés ou disgraciés de la société, et tous ceux qui ajoutent au dénuement, la précarité sociale qui les désespère, bénéficient de revenus sociaux minimums, suffisants pour les autoriser à la réalité de leur vie meilleure.

Vous engagerez les processus d'injonction et de vérification pour que toutes les formes de communications nuisant à la santé des populations soient bannies, pour que tous les produits alimentaires y soient sains et équilibrés, pour qu'ils n'y soient ajoutés aucun composant d'ordre chimique ou génétiquement transformé, et pour qu'ils soient accessibles économiquement à toutes les femmes et hommes, en droit d'attendre la quintessence des conditions d'une vie généreuse et équilibré.

En tant que citoyen, nous affirmons vouloir user du droit que nous avons de ne point consentir au premier impôt, de ne point accepter la plus petite augmentation fiscale, qu'au préalable, les commissions exécutives de contrôle ne nous aient justifié, par des comptes-rendus publics et transparents, de l'emploi et du bon usage des contributions fiscales.

Vous communiquerez un relevé des opérations économiques réalisées, un état des dépenses engagées et des recettes perçues, une situation des dettes acquittées et à acquitter, une description précise et définitive des finances publiques, afin que cela constitue votre engagement à produire des comptes satisfaisants et publiés.

Pendant toute la durée de vos engagements électoraux, vous alimenterez pour tous les citoyens, une communication sincère et fidèle de vos intentions et de vos réalisations, qui sera annoncée par tous les supports médiatiques directs afin de les partager avec toutes les familles visées par l'intérêt général.

10. LES « *ILLUSIONNISTES* » CONTRE LES LIBERTÉS

Penser, c'est faire des choix, et encore plus des refus, des résistances extrêmement déterminées, des perplexités aussi, qui confrontées aux nuances et aux complexités, n'en sont pas moins significatives.
La réalité concrète contre les idées abstraites, et ne pas considérer les citoyens comme des imbéciles !
En effet, à bâtir des théories et des concepts détachés des réalités vécues, les dirigeants politiques et les « *experts* » opèrent comme des « *autocrates idéologiques* » qui privent le citoyen de sa réalité au nom de leur théorie. Parce que tous les individus disposent de leur raison et de leur capacité à développer leur réflexion, nous ne pouvons accepter ceux qui veulent nous faire croire qu'ils sont les seuls à même de penser notre réalité.
Par opposition à la production de néologismes et de pensée hermétique, sans relation avec la vie réelle des individus, il nous faut considérer les citoyens anonymes et humbles dans leur réalité, en cultivant des démarches de réflexions argumentées, structurées, rationnelles, démontrées et analytiques au sens critique face à la fascination des mots et des images. Il s'agit pour chacun de nous, de décliner toutes les tentatives d'élever des théories illusoires et chimériques, et d'échapper aux chapelles idéologiques, pour susciter les débats, les contradictions, les confrontations autour d'une dialectique objective fondée sur des faits, des justifications et des explications rigoureuses, au regard des conditions de vie des individus.

Il nous faut rappeler sans cesse que les grandes idées ne se rapportent pas à l'idéalisme, mais aux parangons de discernement, de véracité, de cognition, d'éducation et de la démocratie, indispensable à l'absolu besoin de réalité de nos vies humaines. Lorsque les individus s'engagent dans les chemins de l'absurdité et de l'égarement, de la compétition permanente et de l'argent qui pervertit, la dérision épargne le grotesque de celui qui énonce ses certitudes.

Il s'agit pour nous tous de saisir les nuances, de refuser la banalisation, d'affirmer les difficultés certaines de la pensée face aux réalités. Le souci de vigilance dans la compréhension nous conduit vers un engagement politique entre le dilemme - action et vérité - la simplicité se situant du côté de l'action, la complexité du côté de la vérité.

La critique est facile - à trop complexifier, on se trouve bien incapable de décider, donc d'agir – synthèse de cette allégorie dans les mots de l'écrivain et philosophe Paul Valéry[45], « *Ce qui est simple est toujours faux. Ce qui ne l'est pas est inutilisable.* »

De cette dichotomie simple, les individus répondent par le délaissement de la pensée complexe. À quoi peut bien servir la réflexion qui cherche à rendre compte de la complexité politique et de ses dirigeants en particulier.

Au lieu d'abandonner l'idée de penser la complexité, il nous importe, avant tout, de comprendre les interactions et les décisions politiques qui accablent les populations. Notre première contribution participe

---

[45] - *Paul Valéry - Mauvaises pensées et autres (1941-1942).*

de la compréhension. Il s'agit, selon l'expression du philosophe Jacques Bouveresse, de *« subordonner le désir de juger au devoir de comprendre »*.

Aussi, la difficulté de la compréhension va de pair avec l'exigence de vérité ou, dit autrement, le refus de l'approximation et de l'aveuglement. Face à la complexité, il s'agit de résister aux subterfuges, l'esquive au profit de la clairvoyance. Il s'agit de résister aux enchantements réducteurs et réconfortants, au profit d'une compréhension réfléchie. Dès lors, par le travail sur la complexification, nous devons ressentir la nécessité de confondre une pensée futile, insignifiante, pour une réflexion explorée, aboutie et méditée des questionnements de notre vie réelle, affranchie des considérations illusoires, des idées préconçues et des apparences.

Dans ses « *Considérations sur l'histoire universelle*[46] », Jakob Burckhardt, historien suisse d'expression allemande, y exprime sa crainte des « *terribles simplificateurs* ».

Jacob Burckhardt percevait le déclin de l'idéalisme allemand et montrait des doutes face aux évolutions politiques de son temps. La société démocratique, les instigateurs progressistes et les politiques libérales axé sur le profit, composaient, pour lui les signes du déclin. Il affirmait, *« Depuis la Commune de Paris, tout est devenu possible en Europe, principalement parce que partout nous rencontrons de braves gens, des libéraux très convenables, qui ne savent pas exactement où se situe la limite entre le droit et*

---

[46] - *Jakob Burckhardt - Considérations sur l'histoire universelle.*

l'absence de droit ni où commence le devoir de résister et de réagir ». Jacob Burckhardt anticipait les périodes de régimes absolutistes, et de l'extrémisme politique en Europe, ou le règne des « *terribles simplificateurs* », n'avait plus rien à voir avec les « *grandes individualités* » radieuses, et avec les « *princes de la renaissance* », qui avaient tant animé la pensée de Nietzsche, et à la fin des conflits, prophétisait-il, s'imposerait une démocratie corrompue, composée « *des masses qui veulent la tranquillité et le profit* », résumant sa position.

Jacob Burckhardt entrevoit l'individu, pourvu d'une conscience autonome depuis les temps modernes, devenir aliéné et prisonnier des institutions et des moyens de propagande. Il stigmatise la presse qui influence les convictions et les jugements des citoyens, qui détermine les divisions et entretient le trouble et l'anxiété. Ses remarques vérifiés, relatives à la manipulation de l'opinion publique et de l'inconscient collectif, par le pouvoir politique et médiatique composent l'apologie des résistances, comme une contribution face aux « *terribles simplificateurs* » de notre temps.

Que peut-il advenir de l'omnipotence d'un État-moloch, d'une institution qui exige des sacrifices, qui désagrège les relations sociales, qui détruit les libertés, qui fabrique le nivellement démocratique par la conformité et dessine la médiocrité généralisée ?

Nous entrons dans une ère du chaos, d'une société nouvelle dominée par des hommes providentiels, des hommes à la puissance absolue qui rétabliront l'ordre, mais un ordre terrible, comme énoncé par Jacob Burckhardt, « *pour moi, il est depuis longtemps évident que le monde s'achemine vers l'alternative suivante - démocratie totale et despotisme absolument arbitraire »*.

Jacob Burckhardt annonce la venue de gouvernements autoritaires, derrière des masques républicains, et qui imposeront une société de contrôle et de surveillance. L'État tout-puissant, absolu et protégé par une administration délétère viendra pour imposer ses diktats, ses solutions, sa doctrine totalitaire pour résoudre tous nos problèmes de la vie réelle, y compris les questions sociales.

La manière de penser et la culture seront réduites par la domination et la puissance du pouvoir politique, les individus s'abandonneront dans une réalité virtuelle, l'émancipation sera laminée par l'arbitraire des gouvernants, la pluralité sociale sera assujettie à une implacable conformité. Près de cinquante années avant la dictature nazie, Jacob Burckhardt pense les dictateurs de l'avenir, ceux qu'il nomme d'une formule lapidaire, et en français, les *« terribles simplificateurs »*.

Le futur, très proche, nous engage à une réflexion complexe sur nos attitudes et responsabilités face à ces *« nouveaux et terribles simplificateurs »*. Face au pouvoir politique, à sa capacité à capturer le savoir, comme condition de sa domination, il est de notre propension à dénoncer les normes qui produisent la conformité et de résister à toute uniformisation.

Par la construction et le déploiement du bio-pouvoir, nos *« terribles simplificateurs »* nous proposent une société de contrôle qu'ils nous prédisent, transparente, inoffensive, conciliante, mais surtout sécuritaire. Face à des pratiques politiques, basées sur l'individualisation, les résistances au pouvoir, comme conditions de l'action sociale et de notre capacité d'agir composeront la réalité de nos vies futures.

Une philosophie de la désobéissance sociale doit invoquer la légitimité de nos résistances pour exercer un contre-pouvoir, et dévoiler une démocratie illégitime. Face à nos « *terribles simplificateurs* », nos résistances refuseront les dispositifs d'assujettissements qui nous ont soumis. Face aux réalités sociales que sont des inégalités inacceptables, révélées par le projet de Réforme des retraites, il est de notre force de lutter contre les injonctions sociales et les contraintes économiques qui suppriment nos espaces de liberté acquis depuis des siècles et contribuent à des comportements ségrégationnistes.

Enfin, nos « *terribles simplificateurs* », qui se répandent en une propagation médiatique, doivent être désignés pour nous permettre d'imaginer les nouvelles conditions d'une démocratie légitime au service de la réalité de nos vies futures.

On ne voit pas comment un gouvernement sourd et muet, pourraient prendre en compte les aspirations des Français, puisqu'ils répètent continuellement qu'il ne changera pas de cap. Au mieux, concéderont-ils quelques apparences dérisoires pour produire une diversion, dissimuler la réforme principale et poursuivre leurs objectifs économiques, illusion d'une légitimité disparue ?

Les résistances sociales, conscientes du spectacle produit par des illusionnistes se doivent de dévoiler les modalités de ce qui ne répond pas aux conditions d'un débat démocratique et équilibré. Face au spectacle produit par des gouvernants illégitimes, le temps viendra pour inventorier les manquements sociaux et éthiques afin de provoquer leurs démissions et construire un autre avenir partagé et légitime.

Je terminerais en déclinant la forme d'un projet de politique au service des populations qui se réduiraient à une mission de santé digne et accessible pour tous, une éducation supérieure et professionnelle pour l'ensemble des citoyens, jeunes et adultes, au service d'une activité économique, sociale et responsable, la plus ambitieuse possible.

Au-delà des réformes imposées, face à l'apparition d'une nouvelle idéologie, le Journalisme, avec un grand « *J* » et un « *isme* », comme suffixe, utilisé pour définir une doctrine, un dogme ou une théorie, religieuse ou politique, productrice d'une surexcitation sociale et idéologique, émerge un défi cardinal, celui de retrouver notre liberté. Dans le « *Contrat social*[47] », Jean-Jacques Rousseau, avait déjà tout vu, tout compris : « *Le peuple anglais pense être libre ; il se trompe fort. Il ne l'est que durant l'élection des membres du parlement ; sitôt qu'ils sont élus, il est esclave, il n'est rien. Dans les courts moments de sa liberté, l'usage qu'il en fait mérite bien qu'il la perde* ».

Nous devons en terminer de subir les injonctions permanentes, nous devons trancher, n'être « *rien* » et « *esclave* », ou devenir des acteurs de notre propre destin, « *solidaires* » et « *engagés* ».

---

[47] - *Jean Jacques Rousseau – Du Contrat Social, 1762.*

Si je me suis décidé à parler ainsi, ce n'est pas que je vise à atteindre la notoriété tant recherchée de nos jours, je suis suffisamment lucide pour refuser toute compromission, mais je souhaite plutôt modestement essayer de rendre la lumière aux plus humbles d'entre nous, aux plus démunis, aux plus préoccupés par notre évolution sociale, aux plus sensibles pour le respect de nos valeurs.

Mais je juge aussi qu'il s'agit surtout de la motivation d'un citoyen méprise, qui estime que faire passer ses convictions au service du bien public, ne peut produire que des effets salutaires.

Mais depuis quand voit-on nos dirigeants politiques se préoccuper des problèmes sociaux, des contraintes professionnelles, des craintes de l'avenir, des ambitions de leur population ?

Quelle éducation pour nous, nos enfants ? Quel projet citoyen pour nos familles ? Quelles propositions pour développer l'emploi des jeunes, des sans ou peu diplômés, des seniors, des Français issus de l'immigration ? Quel système de santé qui réponde aux attentes collectives et amitieuses pour garantir une qualité de vie en bonne santé ?

Ils préfèrent sacrifier aux faveurs médiatiques du moment, les intérêts des citoyens, eh bien, que croyez-vous qu'il arriva ? Pouvoir de tous les leurs, profit pour leurs affidés, corruption pour tous et leurs conséquences sociales supportées par les salariés.

Et honte à eux face aux résultats de leurs politiques sociales au service des puissants et contre les plus modestes !

Comparons, la façon d'agir de nos anciens et de la nôtre. Que des informations spectaculaires, des exemples concrets des pratiques et des comportements de nos gouvernants, pour une communication communicante à grand spectacle. Monopolisant l'espace médiatique proposé par des patrons de presse à leur service, ces hommes, ces experts ne cherchent qu'à plaire et à paraître auprès des citoyens et des citoyens français afin d'obtenir l'adhésion à leurs funestes projets.

Pendant que nos dirigeants historiques essayaient de construire des systèmes politiques solidaires et dynamiques, tentaient de servir leurs citoyens, développaient un environnement favorable au développement du bien-être de chacun, assuraient la promotion des valeurs d'éducation et de travail, le tout avec l'objectif de favoriser « *l'ascenseur social* » espéré par tant de gens modestes et sans-grades.

Vous, dirigeants de pacotille avaient le champ libre sur l'espace médiatique, à votre service, sur l'économie que vous orientez, en fonction des intérêts de vos serviteurs, dans le domaine social pour lequel vous prononcez des lois scélérates destinées à maintenir les plus démunis dans une plus grande dépendance encore, avec pour seul souci de les faire taire, sur vos choix économiques qui vous permettent de décider des textes parlementaires, sans tenir compte des difficultés de la population, spoliant ceux-là même, qui ont élu vos suppôts.

Et si tout va mal pour une majorité de citoyens français, tout va pour le mieux pour quelques-uns !

Regardons les richesses produites aux profits de quelques magnats industriels, de quelques représentants politiques élus ou pas, de quelques membres des gouvernements successifs, de quelques dirigeants de société privée ou publique, de quelques stars du système médiatique, sportifs ou du show-business, et vous comprendrez que, depuis cette date fatidique, nous avons été dépouillés de nos biens, de notre éducation, de nos emplois, de notre argent, de notre fierté, de notre solidarité et de notre futur !

Et surtout observons tous nos dignes représentants, politiques, dirigeants d'entreprises, experts médiatiques, députés, sénateurs, Présidents de collectivités, d'obscurs, ils sont devenus honorés, entourés de leur garde personnelle, de leurs communicants chargés de leur promotion, comme une vulgaire marchandise.

- Plus la société s'est abaissée, plus ils se sont élevés !
- Et de toutes ces conséquences, quelles en sont les causes ?
- Parce que nous avons accepté toutes ces dérives de la part de nos dirigeants !
- Parce que nous avons laissé le pouvoir à nos gouvernants !
- Parce que nous avons accordé notre confiance à nos représentants !
- Parce que nous avons cru à leurs promesses !
- Parce que nous acceptons notre servitude comme notre destinée !
- Parce que, finalement, nous n'avons que les dirigeants que nous méritons !

Instruits de cette situation, ils se sont accaparés de tous nos pouvoirs, de toutes nos libertés, de toutes nos faiblesses, et maintenant, nous peuple, spolié, pétrifié, ne sommes là que pour fournir le nombre suffisant d'électeurs, lors des consultations électorales afin qu'ils bénéficient de leurs quotas de voix !

Et, comble du sacrifice, en période de festivités, d'élections, ou autres spectacles qu'ils nous offrent avec notre argent, nous pensons leur devoir encore de la reconnaissance.

Abordons en détail les aspects de notre servitude moderne, au regard de cette situation sociale pour ma part inacceptable.

Tous les domaines sont concernés, passant de la politique aux aspects sociétaux, des enjeux économiques aux contraintes environnementales.

Les racines de la résistance sociale nous permettent de mettre en œuvre les formes les plus diverses de l'indignation et de la rébellion, deux formes de luttes contre la globalisation culturelle unique et motivée par l'acculturation des peuples.

J'opposerai là, les formes violentes, non-productives, aux pratiques non-violentes, efficaces méthodes de contestation des pouvoirs en place, les seules à promouvoir, de tradition philosophique profonde, qu'exprime la désobéissance citoyenne et civile, comme une pratique authentique de la résistance aux servitudes subies ou encouragées.

Au moment où de nombreux citoyens sont portés par une rage profonde contre les dirigeants politiques, mais restent dans l'inaction, ne sachant quels aboutissements donner à leurs revendications, il est temps de rappeler l'existence de différentes formes de désobéissance, civile, citoyenne et sociale et de l'ériger comme levier d'action social incontournable à une époque où les moyens techniques numériques offrent toutes les solutions pour relier entre eux les citoyens conscients des dérives oligarchiques et autoritaires de nos gouvernants.

La première raison qui nous y incite, caractérise la soumission, dont nous sommes tous coupables à travers nos actes, nos décisions, perçus comme de non-actes, source de nos désillusions.

Par confort, par intérêt, par habitude, par distraction, par passivité, nous nous soumettons aux servitudes que fait peser sur nous le pouvoir et nous sommes prêts à renoncer à nos libertés. Alors, la seule réponse possible prend le nom de « *résistance* ».

Alors que les pouvoirs nous soumettent à leurs désirs de puissance par des pratiques allant invariablement du haut vers le bas, nous ne pourrons résister qu'en organisant des processus de non-collaboration, de non-participation, de passivité active remontant du bas vers le haut du pouvoir.

À un moment où nous tous, consommateurs et acteurs du monde économique, disposons de tous les leviers pour imposer des pratiques politiques, financières, sociales et environnementales, pourquoi ne les utiliserions-nous pas ?

Alors que, souvent, nous participons, par notre soumission à des modes de fonctionnement sociaux inacceptables, à des abus de pouvoir de la part de nos dirigeants, et ce, à notre détriment, à notre misère, nous, citoyens éclairés et concernés, devons être résolu à ne plus servir ces représentants et alors nous obtiendrons la liberté de transformer ce monde dans lequel nous nous inscrivons.

Et si nous parlons des libertés, de notre liberté, un seul moyen sur lequel nous devons méditer et surtout ne pas déroger : la conscience et de son corollaire la liberté de conscience qui ne peuvent être profanées, *quel que soit le type de pouvoir, quelles que soient les modalités de la représentation.* Le fait de pouvoir élire librement nos représentants, ne supprime ni les dominants, ni les dominés.

La liberté de conscience se situe au-dessus de toute autre liberté. Aucun absolu de contrainte, de sécurité, de contrôle, absolument aucune injonction ne peut justifier qu'on outrage les consciences. Dans ce que transmet l'apprentissage social, on le sait tous, même se tromper, au-delà d'un droit, constitue une source de créativité !

La conscience, objet de toutes les attentions bonnes et mauvaises, ne peut souffrir d'une quelconque faiblesse. Cette force morale propre à chacun de nous transportera tous les individus vers la réflexion, vers la recherche des solutions les mieux adaptées à la résolution des divergences, vers la non-soumission, qui ensuite débouchera sur les actions de désobéissance sociales.

La résistance sociale nous renvoie à nos démissions quotidiennes : acheter des produits fabriqués dans des pays dans lesquels les salaires sont misérables et les salariés ramenés à des statuts d'esclaves, accepter des hausses démesurés d'impôts nationaux ou locaux pour financer des dépenses sans aucune justification d'utilité, ni économique, ni sociale, ni environnementale, pendant que les actionnaires, dirigeants de grandes firmes, banquiers construisent des plans d'évasions fiscales, ou tout simplement en élisant des représentants corrompus, mis en examen, se complaisant dans la fraude fiscale.

N'a-t-on pas le droit et le devoir de résister contre des pratiques qui nous amènent tout droit vers la paupérisation des peuples ?
Utiliser le droit se révélerait la solution la plus juste. Cependant, il me semble que le devoir s'impose pour toute résistance sociale. Et même si le droit n'apparaît à l'évidence pas, il n'y a aucune conséquence de s'adosser à des pratiques de désobéissance sociale, dans la mesure où nous avons le devoir d'intenter ce type d'action. On peut définir ce type d'action comme la résilience des citoyens à la domination, à l'assujettissement, à la souffrance, à l'injustice qui ne passeront pas par nous.
Chaque individu concerné n'a pas à éliminer ses conceptions politiques, savamment instillées dans la conscience de chacun d'entre nous, mais a le devoir de ne pas y collaborer et en conséquence d'utiliser les moyens de résistance dont nous disposons. En se comportant en individu fier de ses idéaux, en agissant efficacement contre les tous puissants, coupables de la distraction abrutissante qui nous manipule et nous traînent vers la soumission, en consommant dignement des produits issus de producteurs responsables, en refusant tous les mensonges des communicants, je m'oppose aux responsables politiques, économiques et médiatiques qui m'indignent par leur comportement et par leur immoralité. J'ajoute qu'il n'ait pas besoin de se réunir en comité, association ou autre groupuscule, prôner la violence pour s'attaquer à ces servitudes, mais de favoriser des prises de positions adaptées à chaque problématique et d'être acteur des actions attendues par les citoyens.

Je voudrais porter à la conscience de tout un chacun que la révolution numérique, du point de vue de la philosophie et de l'éthique de la technologie, ne produit pas, actuellement, les effets sociaux et politiques dont les médias nous assomment en permanence, ce n'est que de la « *spectacularisation* », car les réseaux socio-numériques commerciaux ne contribuent pas à la promotion d'une culture de résistance.

Si nous savons utiliser ces outils communicationnels, avec une dimension d'éthique comportementale pour des actions soutenables et efficaces, alors se produiront des effets inespérés dans la conscience des citoyens et de tous les individus.

Si nous savons mobiliser les supports technologiques, au service d'une nouvelle forme de résistance, qui présentent un formidable potentiel pour diffuser une prise de conscience des désastres vers lesquels nos dirigeants nous attirent, alors nous pourrons fonder des espoirs illimités pour soutenir nos indignations, pour convertir les idées en actions et contribuer au renforcement d'une nouvelle culture de résistance et de désobéissance sociale.

N'oublions pas et méditons sur la réflexion, vieille de plus de vingt-cinq siècles, de Confucius, « *Si un État est gouverné par les principes de la raison, alors pauvreté et misère sont des sujets de honte, si un État n'est pas gouverné par les principes de la raison, alors richesses et honneurs sont des sujets de honte* ».

Depuis toutes ces années, les profits sont devenus colossaux, les salaires patronaux exorbitants et on assiste bien à une précarisation de l'emploi qui se fait au détriment des salariés dont les situations sont de plus en plus intolérables.

Nous pouvons remarquer que les classes sociales ont évolué. Les ouvriers, que l'on appelle maintenant agents de production, employés, techniciens de je ne sais quoi, tendrait à faire penser qu'une classe est en train de disparaître. Cependant, les rapports de force entre les classes sociales se sont déplacés vers des considérations incluant la vie sociale, économique et culturelle, mais n'ont pas disparu pour autant.

Les salariés sont tout autant exploités qu'il y a quelques dizaines d'années et sont toujours moins reconnus et plus méprisés par la classe dirigeante. Les actionnaires, de plus en plus arrogants, se réservent en effet des profits de plus en plus importants et organisent une précarité toujours plus pesante sur le reste de la société sans en mesurer les effets, comme si finalement les salariés n'existaient plus, soutenus par des hommes politiques qui ne sont pas en reste.

Quant au chômage, il frappe toujours de plein fouet les générations actuelles, et ce, de la même manière qu'il touchait les familles de la fin du siècle dernier. Avec pour changement, une propension à rendre responsable, celui qui ne sait pas trouver du travail, là où il pourrait exister, sanctionné par sa résignation, pendant que les dirigeants qui délocalisent pourtant leurs entreprises, qui licencient pour faire monter leurs actions, coulent de beaux jours.

« *Nous avons tous quelque chose à gagner d'une société égalitaire*[48] » disait George Orwell, il prenait

---

[48] - *George Orwell – La ferme des animaux, 1945.*

position pour une société sans classes. Il avait anticipé ce qu'il advient aujourd'hui, assistant progressivement à la disparition de la classe moyenne. Bientôt ne subsistera plus que deux classes, celle des riches et celle des pauvres, avec celles qui auront su mieux profiter du « *capital culturel* » transmis par les générations passées. Le libéralisme économique continue à broyer des vies entières, mais il n'y a que les producteurs de cinéma belges et britanniques pour s'en émouvoir. La culture ouvrière a du mal à résister, les syndicats abdiquent généreusement et nous nous trouvons dans la situation, où nourris par les injustices sociales et le désordre libéral, progressent les haines entre les populations. Près d'un demi-siècle après, nous avons le devoir de nous interroger sur les changements ou plutôt non-changements dans la société actuelle et l'impératif de nous détacher de nos servitudes.

Nul ne peut se satisfaire de sa condition et des conditions dans lesquelles les élites tiennent les citoyens, c'est-à-dire dans la médiocrité et la couardise. Les responsabilités de chacun appellent au refus d'accepter les décisions qui sont contraires au bien-être du plus grand nombre et contribuent à la paupérisation d'une partie toujours plus grande de la population, avec pour la grande majorité, des revenus qui diminuent, tout en augmentant en nombre, quand simultanément, une catégorie de personnes de moins en moins nombreuse, possède la plus grande partie de la richesse nationale.

Tout citoyen doit refuser de se retrouver en situation de dépendance intellectuelle, dans l'incapacité de penser par lui-même, avec pour seul horizon d'honorer ses obligations pendant qu'une minorité foule au pied ces mêmes exigences au détriment de la grande majorité des citoyens français.

Chaque individu doit contraindre les dirigeants politiques et économiques à écouter les exigences attendues afin de rendre l'autonomie, la responsabilité et la fraternité possibles, pour façonner les solidarités, fondées sur le respect de tout un chacun.

Les obligations des responsables politiques se reconnaissent dans la capacité des citoyens à retrouver et utiliser leur entendement critique pour permettre au plus grand nombre de participer et d'orienter les décisions politiques, tant au niveau local, régional, national et européen.

Les libertés de refuser, d'exiger plus de transparence, d'impulser des changements dévoilent que les individus sont maîtres de leurs destins, aptes à raisonner par eux-mêmes, capable de secouer le joug des contraintes politiques et sociales.

En quoi, moi, salarié, employé, fonctionnaire, étudiant, retraité, petit commerçant, agriculteur, technicien ou cadre, homme ou femme, français ou étranger, suis-je dans l'obligation d'accepter et de subir toutes les conditions imposées par des élus, des responsables politiques ou économiques qui n'apportent que le mépris et la misère du plus grand nombre et surtout des plus démunis ?

Surtout lorsque les porteurs de ces décisions, de ces projets de loi ne respectent pas eux-mêmes les plus minimes de conventions de loyauté et de transparence. L'éthique oblige tout individu, qu'il soit représentant politique, dirigeant d'entreprise, élu local, départemental, régional ou national, ou homme et

femme portant dignement ce pays qui nous a été
légué par nos ascendants.

Le refus de tout arbitraire contraire aux intérêts du
plus grand nombre, qui ne produit pas le bonheur des
citoyens ne peut qu'être récusé par des actes de
désobéissance sociale.

Les actes contraires devront être soumis à l'avis des
citoyens pour en apprécier les fondements, leurs
mises en application ou leurs désaveux. Cependant,
tous les individus qui iront à l'encontre de toutes ces
décisions ne devront pas supporter l'injustice, mais au
contraire exposer fièrement leur devoir de citoyen, en
ayant contribué à démontrer les injustices induites par
ces actes commis en leurs noms par des
représentants abusant de leurs pouvoirs.

Un gouvernement, des dirigeants qui ne trouvent pas
indigne que leurs concitoyens, leurs employés usent
de prérogatives pour obtenir la réalisation de leur
autonomie, de leur responsabilité, de leur bonheur et
de leur liberté obtiendra la reconnaissance de toutes
ces femmes et hommes pour là et maintenant, et qui
perdura au travers des générations.

Et lorsque les entreprises, les hommes politiques
reconnaîtront enfin la dignité, la vocation pour la
pensée libre, permettant à chacun d'utiliser sa pleine
conscience aux décisions collectives, alors cette
forme de raisonnement irriguera le plus grand nombre
jusqu'à devenir la forme ultime de la cohésion au
service de tous. Les désobéissances sociales peuvent
se limiter à des modifications sommaires au sein des
structures économiques dominantes, mais elles
pourraient être aussi mises en réseau dans un
horizon de transformation sociale radicale pour nourrir

une contestation plus globalisée, en lien avec d'autres formes d'actions comme, des résistances diverses, des luttes revendicatives, des expériences alternatives.

Ma transformation sociale, comme un ensemble d'épreuves vécues et assumées durant mes expériences professionnelles m'ont conduit aux constats d'une dégénérescence organisationnelle et sociale conduisant à la décadence de la société politique par la destruction des collectifs sociaux.

Réinventer de nouvelle forme de droit social, réhabiliter un idéal autogestionnaire, fonderont les nouvelles métamorphoses de l'homme au travail vers un nouveau contrat social attaché à une liberté d'autonomie responsable, constituant de nouvelles formes de communauté des singulières.

Dénoncer les décisions irrecevables, les comportements amoraux, s'attacher à des engagements éthiques, constitueront les fondements d'une transparence sociale, ciment d'une reconstruction de collectifs professionnels, transformant l'invisibilité des individus au travail et en société par une participation active aux décisions.

L'éloge du pragmatisme social dans les rapports sociaux affirmera les volontés réciproques de tous les acteurs sociaux de construire des voies de recherche de compromis au service du plus grand nombre.

Passer des micro-résistances aux résistances sociales, à la résistance et au consentement limité des salariés caractérisera les méthodes employées pour infléchir les décisions des dirigeants et managers contraires aux intérêts des salariés, de la société et du sens commun.

L'émergence d'une voie vers la désobéissance sociale comme une modalité de l'utopie ouvrira des perspectives humanistes et responsables qui renforceront le pouvoir des individus dans l'entreprise et les institutions politiques.

L'ensemble de ces modalités réflexives produiront un changement social dont la finalité devra s'orienter vers la recherche d'une émergence sociale.

11.   __ÉPILOGUE__

Je termine la rédaction de ce « *tract* », la semaine du 20 mars 2023, jour de la publication des résultats de la motion de censure présentée à l'Assemblée afin de renverser le gouvernement et d'abroger le projet de Réforme des retraites.
Pour la grande déception de la majorité des classes populaires, la motion de censure n'a pas obtenu le nombre de votes requis, soit 287 contre 278 acquis.
Pour 9 voix, la loi sur le projet de Réforme des retraites sera adoptée par l'Assemblée.
Et j'écoute les discours surréalistes du président de la République durant ces mois de mars et avril 2023.
Ma première réaction concerne le bilan politique constaté depuis son accession au pouvoir.
Si l'on résume les priorités gouvernementales en termes de politique, il ressort quatre actions stratégiques pour le devenir de la France et du bien-vivre de sa population :
- La politique sociale
- La politique économique
- La politique de l'éducation
- La politique de la santé

11.1.   __Résultats de la politique de l'emploi mise en œuvre__

Premier déni de réalité : « *Ce texte va poursuivre son cheminement démocratique* ».
Il n'y a jamais eu, ni de consensus préalable, ni débats démocratiques.

Deuxième déni d'objectivité : « *Il a regretté qu'aucune force syndicale n'ait proposé un compromis* ».

Toutes les concertations organisées en préambule au projet de Réforme des retraites étaient là, uniquement pour tenter d'obtenir la caution des syndicats au report de l'âge de la retraite à 64 ans.

Troisième déni de démocratie : « *la foule n'a pas de légitimité face au peuple qui s'exprime à travers ses élus* ».

D'abord, la notion de « *foule* » traduit un profond mépris pour toutes les classes populaires dans les rues depuis plus de deux mois.

Quant aux élus, désignés selon les conditions électives citées par ailleurs, ils n'ont pas plus de légitimité, que ce soient les députés, les sénateurs et le Président lui-même.

Que l'on relise Gustave Le Bon, auteur de « *La Psychologie des foules[49]* », qui rappelait, que « *quand l'édifice d'une civilisation est vermoulu, les foules en amènent l'écroulement. C'est alors qu'apparaît leur rôle. Pour un instant, la force aveugle du nombre devient la seule philosophie de l'histoire* ».

Quatrième déni d'écoute : « *On respecte, on écoute, on essaie d'avancer* ».

Face à des contestations populaires jamais vues, par quelles propositions alternatives a répondu le gouvernement ? Il n'écoute donc pas l'exaspération sociale du peuple et répond par les violences policières.

Cinquième déni d'un discours « *orwellien* ». « *Mais on ne peut accepter ni les factieux ni les factions* ».

---

[49] - Gustave Le Bon - La Psychologie des foules, 1895.

Quand les gouvernants croient voir des factieux et de factions, pour justifier quelque chose du séquestre de la réalité par des politiques habiles, qui creusent la défiance là où ils prétendent l'apaiser, alors que de simples citoyens expriment leur désarroi social.

Sixième déni sur l'emploi : « *Lien entre sa politique fiscale et l'amélioration de l'emploi pour justifier la réforme des retraites* ».

En France (y compris les départements et régions d'outre-mer, hors Mayotte), le nombre de demandeurs d'emploi s'élève à 3 049 800 pour la catégorie A, soit 10 % de la population active. Pour les catégories A, B, C ce nombre s'établit à 5 394 200, soit plus de 17 % de la population active[50].

Parmi les personnes inactives au sens du BIT (Bureau international du Travail), 1,8 million souhaitent un emploi sans être considérées au chômage parce qu'elles ne recherchent pas d'emploi ou ne sont pas disponibles : elles constituent le halo autour du chômage.

Le taux d'emploi à temps complet s'établit à 56,6 % au premier trimestre 2022, pour seulement 35 % pour les jeunes 15-24 ans.

En 1996, 804 000 jeunes de moins de 25 ans en situation de demandeurs d'emploi inscrits à Pôle emploi en catégorie A, B, C, contre 632 000, au quatrième trimestre 2022, soit près de 20 % de la population active.

Quelle évolution en plus de 25 ans !

Surtout si l'on prend en compte la forte augmentation des apprentis qui sortent des statistiques des

---

[50] - *Source : Insee : 2022 et Pole Emploi 2022.*

demandeurs d'emploi. Le nombre d'apprentis est passé de 300 000 en 1996 à près de 900 000 en France, en 2022, soit une progression de 600 000.

Les gouvernants successifs ont remplacé 600 000 demandeurs d'emploi par 600 000 apprentis, avec une rémunération médiane brute de 980 €/mois.

Si nous réintégrons les 600 000 jeunes sortis pour l'apprentissage, alors le taux des jeunes en situation « *potentielle* » de demandeurs d'emploi montent à près de 40 % !

Auquel, il nous faut ajouter 1,6 million estimé de stagiaires en France, « *estimé* » puisqu'il n'existe aucune ressource comptabilisant le nombre exact.

D'après les derniers chiffres publiés par l'Insee, le nombre d'auto-entrepreneurs continue de progresser. Ils étaient 2,5 millions à la fin du second trimestre 2022.

L'INSEE se penche régulièrement sur le revenu des auto-entrepreneurs et selon une étude réalisée en 2019, le revenu moyen d'un auto-entrepreneur, que l'on pourrait comparer à un salaire, se situe autour de 590 €/mois.

Si nous réintégrons les 2,5 millions d'auto-entrepreneurs comme demandeur d'emploi, alors le taux des demandeurs d'emploi « *potentiel* », en catégorie A, montent à près de 18 % et intégrés à toutes les catégorie A, B, C, représente alors près de 26 % de la population active !

Ces résultats sur le dossier de l'emploi démontrent bien toutes les actions entreprises par les gouvernements successifs de proposer une pratique de « *travail démarchandisé* » afin d'en réduire son coût et de permettre à la majorité des acteurs économiques de produire un maximum de profit, renforcé par une politique de réduction d'impôt sur les sociétés.

11.2. <u>Résultats de la politique économique mise en œuvre</u>

Commerce extérieur de biens : Déficit commercial de 44,5 Md€ en 2016, pour 84,7 Md€ et un déficit record de 163,6 Md€ en 2022 !
Déficit budgétaire : 69,1 Md€ en 2015 contre 151,5 Md€ fin 2022.
Dette Publique : 2 005,5 Md€, soit 87,7 % du PIB en 2017, pour 2 956,8 Md€
Productivité : 100,5 Md€ en début 2023, contre 103 Md€ en 2018[51]

La productivité ralentit en France depuis une vingtaine d'années ce qui a des effets sur l'activité économique et les finances publiques. Une note du Conseil d'analyse économique (CAE) publiée en septembre 2022 en identifie les causes principales. Les alternants sont en effet « *a priori moins productifs que le reste des personnes en emploi, car ils sont plus jeunes, moins expérimentés et travaillent un volume d'heures plus faible du fait de leur temps de formation* ».
Au troisième trimestre, 1,1 million de personnes sont en alternance (dont 87 % en contrat d'apprentissage), soit une hausse de 400.000 par rapport à fin 2018. En

---

[51] - *https ://fr.tradingeconomics.com/france/productivity*

conséquence, la part de l'alternance dans l'emploi salarié atteint 4 % contre 2,7 % fin 2018.

11.3. <u>Résultats de la politique sur l'éducation mise en œuvre</u>

La France n'est pas bien placée dans les enquêtes internationales sur les compétences scolaires. En cause notamment : la baisse des résultats en mathématiques.
Publié en septembre 2022 par le Conseil d'analyse économique (CAE), le classement nous montre que ce constat, concernant un certain décrochage éducatif, s'applique aussi aux meilleurs élèves : dans l'enquête internationale Timss (Tendances en mathématiques et apprentissage scientifique) 2019 concernant les élèves de 4e, la France ne se situe plus qu'à la 29e place sur 38 pays pour le résultat des meilleurs élèves. La note pointe également un déficit des élèves français en matière socio-comportementale, c'est-à-dire dans la capacité à se coordonner et à persévérer, à travailler en équipe, à juger et à s'adapter.

11.4. La France dans le dernier classement PISA-2018

Le dernier classement PISA en date porte sur les tests réalisés en 2018 et a été dévoilé le 3 décembre 2019. Dans le classement 2018, la France est classée 23e sur 79 pays évalués, une place comparable au précédent classement de 2016.

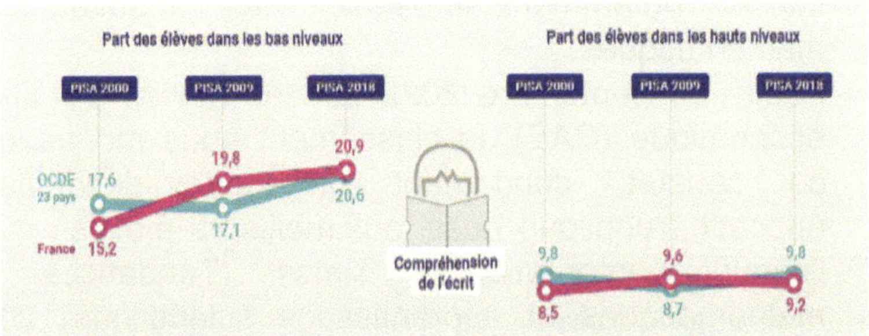

En compréhension de l'écrit, majeure de l'enquête 2018, le score moyen de la France se situe au-dessus de la moyenne des pays de l'OCDE. Ce score est stable depuis 2009. Après une hausse entre 2000 et 2009, la proportion d'élèves dans les bas niveaux en France est comparable à celle observée en 2009. Les résultats de la France sont parmi les plus fortement corrélés des pays de l'OCDE avec le niveau socio-économique et culturel des familles. Cependant, après une forte hausse entre 2000 et 2009, cette corrélation se stabilise. Le taux de non-réponse est en forte baisse. Les élèves français de 15 ans scolarisés en lycée général et technologique obtiennent des résultats très supérieurs à la moyenne de l'OCDE. En revanche, les élèves scolarisés en lycée professionnel ou encore au collège ont un score très inférieur à cette moyenne.

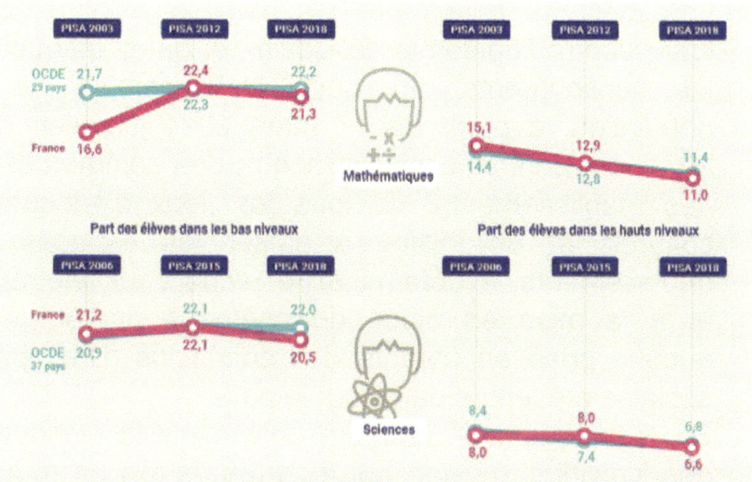

Les résultats de la France dans ces deux domaines restent parmi les plus fortement corrélés des pays de l'OCDE avec le niveau socio-économique et culturel des familles. Cependant, cette corrélation est en baisse. Les scores des garçons et des filles sont comparables en culture scientifique. En revanche, en culture mathématique, les performances des garçons sont supérieures à celles des filles.

L'enquête PISA recueille aussi des informations sur les attitudes et comportements des élèves. Les trois quarts des élèves français envisagent des études supérieures, mais leurs projets professionnels se différencient selon le sexe. S'ils ne sont pas plus anxieux que leurs camarades des pays de l'OCDE, les élèves français se déclarent moins confiants quant à leur capacité à affronter des difficultés.

11.5. Résultats de la politique de santé mise en œuvre

Les mesures prises par les pouvoirs publics pour lutter contre l'épidémie de Covid-19, parmi lesquelles les confinements, appliqués à l'ensemble de la population, à partir du 17 mars 2021 jusqu'en mai 2021, ont contraint à la fermeture des commerces et des établissements, de tous les lieux d'éducation, culturels et de loisirs, à limiter les espaces de déplacements, à déterminer le recours au télétravail et à la mise en place du chômage partiel, sans aucune prise en compte des conditions d'inégalités sociales présentes dans tout le pays.
En restreignant de manière universelle la circulation des individus, mesure qui a certes permis de réduire fortement le nombre de personnes contaminées, comment peut-on concevoir de tels choix politiques, sans distinction d'âge, de sexe, de milieu social ou de lieu de résidence, et s'accommoder des inégalités sociales qui traversent la société française.
Il suffit de suivre l'évolution des conditions sociales dans les EHPADs pour voir combien les anciens sont laissés à leur misère humaine, afin de permettre aux institutions privées de maximiser leurs profits.
Endettement, fuite du personnel, conditions de travail insupportables sont le lot quotidien de l'hôpital public qui fait face à une crise sans précédent, exacerbée
Depuis au moins dix ans, des restrictions budgétaires sont imposées chaque année à l'hôpital dans le cadre de l'Ondam (Objectif national de dépenses d'assurance-maladie). Ces économies, en vigueur à

l'hôpital public depuis 2004, place les établissements de santé dans une logique de rentabilité.

Les 80 000 lits d'hospitalisations publics fermés depuis vingt ans sont le résultat de restrictions budgétaires. Le manque de moyens a également entraîné des répercussions sur les salaires du personnel hospitalier, les infirmiers français gagnant, par exemple, moins que chez nos voisins européens.

Ces bas salaires, combinés à des conditions de travail difficiles et à un manque de reconnaissance, ont rendu les métiers hospitaliers peu attractifs. L'hôpital est donc aujourd'hui confronté à des difficultés pour recruter du personnel soignant, notamment des infirmiers ou des aides-soignants.

Au regard des performances de la France, dont la responsabilité incombe au gouvernement depuis 7 ans, sur les priorités retenues en termes de politique générale, il ressort une dégradation continue de notre pays quant aux conditions de la vie sociale, économique, éducative et de santé de la population française.

12. <u>**CONCLUSION**</u>

Comment donc justifier d'une telle forme de discours, un « *langage totalitaire* », selon l'expression *de* Victor Klemperer, *dans* « *Repenser le langage totalitaire[52]* », qui renvoie à un langage excluant toute pensée « *autre* », un langage qui enferme ce qu'il est seulement licite de dire, un langage qui appelle à l'anéantissement de toute altérité. Composé de concepts, de productions phrastiques et discursives, le discours énoncé affiche la cohérence logique du mensonge et de sa mise en scène.

Cette pratique de la communication politique exprime la mise en œuvre d'une logique d'assujettissement à partir de la langue, de son lexique, de sa syntaxe, des mots et des analyses discursives.

Il s'agit d'opposer des résistances à cette pratique de « *langage totalitaire* ». Victor Klemperer nous transmet quelques principes à appliquer, comme l'observation, la lucidité et l'écriture, et d'avoir une posture de recul attentif.

En toute circonstance, nous devons maintenir une pensée critique dans la réflexion sur les annonces et les propositions politiques énoncées, et se rappeler en permanence que l'éviction de la pensée critique a été le fait des régimes totalitaires du XXe siècle.

Comment donc justifier d'un tel déni de démocratie pour imposer un projet de Réforme des retraites qui ne fera qu'accentuer les conséquences sur la vie sociale des classes populaires.

---

[52] - *Victor Klemperer - Repenser le langage totalitaire, 2012.*

Ou se situe la légitimité démocratique ? Le Président est-il légitime pour imposer le projet de Réforme des retraites ?

« *La foule, quel qu'elle soit n'a pas de légitimité face au peuple qui s'exprime souverain à travers ses élus* ».

Quelle différence entre le peuple et la foule ?

Pour Victor Hugo, dans « *L'année terrible*[53] »,
   « *Voici le peuple : il meurt, combattant magnifique, pour le progrès ;*
   Voici le peuple : il prend la Bastille, il déplace
   Toute l'ombre en marchant
   Voici le peuple, il se fait République, il règne et délibère. »

Pour Victor Hugo, un mouvement de contestation populaire, inscrit dans la durée, adossé à un débat public, précisément ce que nous voyons sur le projet de Réforme des retraites, lors de ces trois derniers mois, voilà ce qu'est le peuple, cela n'a rien à voir avec la phrase du président de la République.
Je rappelle la phrase précitée : « *La foule, quel qu'elle soit n'a pas de légitimité face au peuple qui s'exprime souverain à travers ses élus* », alors que les représentants du dit peuple n'ont jamais voté le projet de Réforme, et surtout pour le Président, les mouvements sociaux seraient, par nature disqualifiés,

---

[53] - *Victor Hugo - L'année terrible, 1872.*

la seul voix légitime qu'aurait le peuple pour s'exprimer serait l'élection.

Pierre Rosanvallon a publié dans « *La légitimité démocratique*[54] », « *l'élection ne garantit pas qu'un gouvernement soit au service de l'intérêt général, ni qu'il le soit toujours, le verdict des urnes ne peut être le seul étalon de la légitimité* ».

Ce que rappelle Pierre Rosanvallon, qui est fondamental, est que l'élection est une double fiction, d'une part, on fait comme si le consentement, le jour du vote valait consentement pour tout le reste du mandat, c'est une première fiction, d'autre part, on fait comme si le consentement d'une fraction du peuple, fraction de plus en plus minoritaire, valait consentement de tous les citoyens, deuxième fiction.

Fictions nécessaires à la démocratie représentative, mais qui deviennent insupportables si elles ne sont pas complétées, justement, par d'autres sources de légitimités démocratiques, comme l'opinion publique, la société civile, les syndicats ou la rue. Sans autres sources de légitimité que l'élection, la démocratie devient bien peu démocratique, elle n'est plus qu'un régime politique dans lequel le peuple est libre le jour de l'élection, et « *esclave* » les cinq années qui suivent.

Pour le projet de Réforme des retraites, faisons le compte : l'opposition des syndicats est définitive, le rejet de l'opinion publique est acté, près des trois-quarts des Français sont contre ce projet, la contestation de la rue est massive, et même le consentement des représentants n'a jamais été

---

[54] - *Pierre Rosanvallon - La légitimité démocratique, 2008.*

acquis, puisque l'Assemblée nationale n'a pas pu voter sur le texte.

Le rejet de motion de censure n'a rien à voir avec le projet de Réforme des retraites. Les représentants du peuple, à une courte majorité, n'ont pas voulu faire tomber le gouvernement, mais ils étaient prêts à rejeter le projet de Réforme des retraites, confirmer par la première ministre qui a admis explicitement, qu'elle n'avait pas de majorité, ce qui est fondamental. Ce qui signifie, que même dans l'esprit du Président, ce texte ne saurait être légitime puisqu'il n'a pas reçu l'approbation des représentants élus par le peuple.

Et donc, l'on peut conclure, que le chef de l'État s'est enfermé dans une vision défaillante de la légitimité démocratique.

Machiavel, justifiait *« ce qui se joue actuellement, ce n'est pas la foule qui tente de s'imposer au peuple, c'est davantage le Prince qui se croit plus sage et mieux éclairé que la multitudes[55] »*.

Commence alors une autre lutte pour son abrogation par les moyens constitutionnels à disposition. De la décision du Conseil constitutionnel, à un Référendum d'Initiative Partagée (RIP), appuyé par des démonstrations populaires, des formes alternatives d'expressions du peuple, des protestations des citoyens et des mouvements de résistances, les gouvernants ne pourront échapper à leur responsabilité devant tant d'hostilité à ce projet, sans confirmer le mépris du peuple, tant de fois démontré.

---

[55] - *Machiavel Nicolas - Le Prince, 1532.*

Au bout de ce long parcours, quel que soit le résultat obtenu vis-à-vis de ce projet de Réforme des retraites, il s'agira surtout :

- Se remémorer toute l'arrogance, tous les mensonges des gouvernants et des communicants, tout le dénigrement populaire et toute la condescendance des éditorialistes.
- Se remémorer le matraquage communicationnel porté par les gouvernants et les représentants du peuple et surtout les médias à leur solde.
- Se remémorer tous les discours repris par les représentants pour expliquer que leur projet de Réforme des retraites est juste et social, alors qu'il s'agit de répondre à des contraintes financières imposées de l'extérieur, avec pour conséquence de paupériser les classes populaires.
- Se remémorer le déni de démocratie durant toute cette période affichée par les gouvernants et les représentants politiques.
- Se remémorer la responsabilité du président de la République, à l'initiative de ce projet.
- Se remémorer les conditions de la légitimité présidentielle, une élection portée par moins de 10 millions de voix ou 20 % du total des inscrits au premier tour.
- Se remémorer un Président élu avec un peu plus de 18 millions de voix sur 48 752 339 d'inscrits, soit, 38,5 % du total des inscrits, très loin d'une majorité.

- Se remémorer la responsabilité des représentants dans leur incapacité à défendre les positions de ceux qui les ont élus.
- Se remémorer les conditions de la légitimité de la Majorité présidentielle qui représente 16,5 % du total des inscrits ou 8 millions de voix, sur 48 589 606 inscrits !
- Se remémorer la représentativité des députés avec moins de 6 % d'entre eux issus des classes populaires.
- Se remémorer la représentativité des sénateurs avec moins de 1 % d'entre eux issus des classes populaires !
- Se remémorer que seulement 4 % des employés et ouvriers sont représentés par les partis politiques Renaissance et LR.
- Se remémorer l'illégitimité des gouvernants et des représentants du peuple devant une usurpation électorale.
- Se remémorer la volonté, contre toute opposition, de mettre à mal les systèmes sociaux au nom d'intérêt politiques et économiques.
- Se remémorer l'établissement d'une société de contrôle des citoyens pour les conformer selon les orientations néolibérales, au service du système économique en place.
- Se remémorer la mise en place d'un pouvoir autoritaire pour limiter et réduire les mouvements d'opposition et empêcher leur expression.

Ainsi, face aux risques inhérents de la démocratie, analysés par Alexis de Tocqueville dans « *De la*

Démocratie en Amérique[56] », qui s'expose à la menace d'une autorité exclusive de la majorité, il nous engage à rechercher les voies alternatives de partage du pouvoir.

Tout gouvernement dans lequel un protagoniste politique détient un pouvoir absolu aspire à devenir despotique.

C'est ainsi qu'Alexis de Tocqueville définit une « *tyrannie de la majorité* ».

Une majorité, selon Tocqueville produit ascendance sur le corps social et les orientations politiques des citoyens. Ainsi, dans un gouvernement autoritaire, le « *prince* » espère asservir les classes populaires, mais ne dispose pas de la capacité de les bâillonner et d'exprimer leurs propres réflexions. À l'inverse, malgré un déni de démocratie, la loi étant censée être l'expression de la volonté générale, les citoyens se conforment au pouvoir législatif.

Alexis de Tocqueville montre la situation d'une majorité qui soumet ses décisions aux minorités. De fait, les citoyens issus des minorités se révèlent en opposition les majorités et sont désavoués. Avec comme conséquence, de découvrir, que le suffrage universel, fondement de la démocratie, n'est pas réellement l'expression d'une volonté générale.

Compte tenu des expériences vécues et des moyens à notre disposition, il s'agira d'établir des recommandations afin de pourvoir à un autre système politique et gouvernemental.

---

[56] - *Alexis de Tocqueville - De la Démocratie en Amérique, 1835.*

Sur la base des faits précités, nos engagements doivent traduire en acte des choix déterminés parmi lesquels :

- Ne pas renouveler les mandats des représentants du peuple actuels.
- Ne pas renouveler les mandats des représentants locaux et régionaux selon les formes actuelles.
- Refuser l'élection présidentielle selon le format actuel
- Refuser l'élection des députés avec la représentation actuelle
- Refuser la Chambre des Sénateurs à l'élection.
- Conditionner les participations aux élections selon les transformations constitutionnelles envisagées.
- Transformer les conditions d'élections des députés pour assurer une représentation sociale du peuple.
- Transformer les conditions d'élections du Sénat pour désigner leurs membres au tirage au sort parmi les citoyens dans une représentation homogène de toutes les classes sociales.
- Imposer les mandats courts, pas plus d'un an ou deux ans.
- Limiter la rééligibilité, éligible une fois, mais pas deux fois, sans attendre un an.
- Refuser le cumul des mandats
- Instaurer des dispositifs permettant l'organisation de veto populaire
- Ces dispositifs octroient au peuple le droit d'exercer ce que Montesquieu appelait la

« *faculté de statuer*[57] », qu'il a définie comme « *le droit d'ordonner par soi-même, ou de corriger ce qui a été ordonné par un autre* », et la « *faculté d'empêcher* », qu'il détermine comme « *le droit de rendre nulle une résolution prise par quelque autre*[58] ».

- Afin de démocratiser les régimes parlementaires, reconnaître toutes les démarches pétitionnaires engagées contre les décisions contraires à l'intérêt des citoyens.

- Modifier le droit français afin que les autorités publiques concernées s'obligent vis-à-vis des pétitions émises par les citoyens. Ce recours à la « *voie pétitionnaire*[59] », interroge quant au sort donné aux résultats des pétitions, avancé par des mouvements de protestation citoyenne contre l'adoption de certains projets de loi.

- L'idée du « *veto populaire* » et des « *voies pétitionnaires* », n'est ni nouvelle, ni étrangère à la France. Elles se rencontrent dans la pensée révolutionnaire, notamment celle de Condorcet, dans le projet de « *Constitution girondine*[60] », ainsi que la « *Constitution*

---

[57] - *Montesquieu - Esprit des Lois - Tome 1. Djvu/323 - « J'appelle faculté de statuer, le droit d'ordonner par soi-même, ou de corriger ce qui a été ordonné par un autre. J'appelle faculté d'empêcher, le droit de rendre nulle une résolution prise par quelque autre ; ce qui était la puissance des tribuns de Rome. »*
[58] - *Montesquieu - Esprit des Lois - Tome 1. Djvu/323*
[59] - *Montesquieu - Esprit des Lois - Tome 1. Djvu/323*
[60] - *Condorcet : Projet de constitution girondine - 1793*

« La déclaration des droits. Le premier article déclare les droits naturels, civils et politiques des hommes qui sont la liberté, l'égalité, la sûreté, la propriété, la garantie sociale, et la

Montagnarde de 1793 [61] », pratiques constitutionnelles de nombreux pays dans le monde, mais paradoxalement pas en France.

- Organiser un référendum pour la ratification des principales lois qui auront été votées

---

résistance à l'oppression.

En plus du droit de vote, les citoyens jouissent du droit de censure des actes émanant de leurs représentants et du droit de pétition. »

[61] *- Constitution Montagnarde de 1793.*

« Article 28. - Un peuple a toujours le droit de revoir, de réformer et de changer sa Constitution. Une génération ne peut assujettir à ses lois les générations futures.

Article 35. - Quand le gouvernement viole les droits du peuple, l'insurrection est, pour le peuple et pour chaque portion du peuple, le plus sacré des droits et le plus indispensable des devoirs.

De la formation de la loi

Article 56. - Les projets de loi sont précédés d'un rapport.

Article 57. - La discussion ne peut s'ouvrir, et la loi ne peut être provisoirement arrêtée que quinze jours après le rapport.

Article 58. - Le projet est imprimé et envoyé à toutes les communes de la République, sous ce titre : loi proposée.

Article 59. - Quarante jours après l'envoi de la loi proposée, si, dans la moitié des départements, plus un, le dixième des Assemblées primaires de chacun d'eux, régulièrement formées, n'a pas réclamé, le projet est accepté et devient loi.

Article 60. - S'il y a réclamation, le Corps législatif convoque les Assemblées primaires.

Article 122. - La Constitution garantit à tous les Français l'égalité, la liberté, la sûreté, la propriété, la dette publique, le libre exercice des cultes, une instruction commune, des secours publics, la liberté indéfinie de la presse, le droit de pétition, le droit de se réunir en sociétés populaires, la jouissance de tous les Droits de l'homme. »

- Soumettre au référendum les principaux projets de loi envisagés.
- Acter une représentation homogène des différentes classes sociales dans toutes les institutions nationales, locales, régionales et européennes.
- Appliquer le mandat impératif qui engage les représentants du peuple.
- Organiser des « micro » - Cour des comptes dans toutes les institutions locales, régionales, nationales et européennes, autour d'experts tirés au sort, afin de confirmer l'utilité sociale des projets envisagés, avant et après leur réalisation.
- Refuser les rôles délétères des cabinets de consultants au service du pouvoir.
- Refuser les communicants au service du pouvoir qui mène des campagnes de propagande à leur service et contre les classes populaires.
- Bannir de l'organisation sécuritaire toutes les modalités de contrôle et de surveillance des citoyens, sans une décision judiciaire.
- Bannir toutes les violences de la part des services de sécurité, à l'origine de leurs augmentations, par toutes les provocations.

En conclusion, je terminerais en justifiant l'ensemble de mes réflexions par ma volonté de contribuer au débat public par la production des conditions d'un retour vers une démocratie apaisée. Il s'agit de démontrer notre capacité à retrouver le sens d'une démocratie radicale, celle des pères fondateurs, au début de la Révolution française de 1789, qui reconnaît l'ensemble des citoyens dans leur humanité et leur engagement à s'associer aux orientations politiques, sociétales et environnementales futures afin de créer une société plus durable et responsable.

BIBLIOGRAPHIE

Augris, C. (s.d.). *Jean Théophile Victoire Leclerc : La vie d'un révolutionnaire enragé.*

Boétie, É. d. (1576). *De la servitude volontaire ou le Contr'un (Discours publié en latin).*

Bon, G. L. (1895). *Psychologie des foules.*

Bourdieu, P. (1996). *Sur la télévision (Broché).*

Burckhardt, J. (s.d.). *Considérations sur l'histoire universelle.*

Caillois, R. (1967). *Jeux et sports.*

Condorcet. (1793). *Projet de constitution girondine.*

Constitution Montagnarde. (s.d.). *1793.*

Debord, G. (1967). *La société du spectacle (Poche).*

Debord, G. (1988). *Commentaires sur la société du spectacle.*

Descartes, R. (1641). *Première Méditation, Méditations métaphysiques.*

Ellul, J. (1965). *L'illusion politique.*

Enlart, S., & Charbonnier, O. (2018). *La société digitale : Comment rester humain ?* Dunod.

Foucault, M. (1993). *Surveiller et punir : Naissance de la prison (Poche).*

Foucault, M. (2004). *La Naissance de la biopolitique. Cours au Collège de France 1978-1979 (Broché - Livre grand format).*

Foucault, M. (2011). *Leçons sur la volonté de savoir. Cours au Collège de France 1920-1971.* Paris : Seuil/Gallimard.

Foucault, M. (2013). *À l'épreuve du pouvoir (Broché).*

Gramsci, A. (1948). *Cahiers de prison.*

Habermas, J. (1988). *L'espace public (Broché).*

Horton, R. (1945). Le développement érosive des cours d'eau et leurs bassins versants, l'approche quantitative hydrophysique à morphoplogy. *Bulletin de la Geological Society of America, 52*, pp. 275-370.

Hugo, V. (1872). *L'année terrible.*

Klemperer, V. (2012). *Repenser le langage totalitaire.*

Locke, J. (1690). *Traité du gouvernement civil « Two Treatises of Government ».*

Lordon, F. (7 février 2003). Les demeurés de la « légitimité ». *Le Monde diplomatique.*

Luxembourg, R. (1918, publication posthume). *La Révolution russe.*

Machiavel, N. (1532). *Le Prince.*

Mercier, A.-C. (2008). Le référendum d'initiative populaire : un trait méconnu du génie de Condorcet.

Montesquieu. (s.d.). *Esprit des Lois - Tome 1.*

Nizan, P. (1932). *Les chiens de garde.*

Orwell, G. (1945). *La ferme des animaux.*

Orwell, G. (1949). *1984.*

Orwell, G. (2008). *À ma guise : Chroniques 1943-1947.* Agone.

Platon. (348 av. J-C.). *Livre I des Lois de Platon.*

Polanyi, K. (2009). *La Grande Transformation : Aux origines politiques et économiques de notre temps (Poche).*

Rancière, J. (2013). *La Haine de la démocratie.* Paris : La Fabrique.

Robespierre, M. (1790). Discours du 25 janvier 1790.

Rosanvallon, P. (2008). *La légitimité démocratique.*

Rousseau, J.-J. (1762). *Du contrat Social.*

Roux, J., Marat, Biard, M., Aberdam, S., & Walter, M. (1793). *Le manifeste des enragés.* Club des Cordeliers, Enragé(e)s.

Sieyès, E. J. (1789). *Qu'est-ce que le Tiers-État ?*

Thoreau, H. (1849). *Désobéissance civile.*

Tocqueville, A. d. (1835). *De la Démocratie en Amérique.*

Valéry, P. (1941-1942). *Mauvaises pensées et autres.*

Varlet, J.-F. (s.d.). *Projet d'un mandat spécial et impératif, aux mandataires du peuple à la Convention nationale.*

Varlet, Sade, & Enragés, L. (1792). *Le mandat Impératif et la démocratie directe.*